大阪市存続・
大阪都粉砕の戦略

地方政治とポピュリズム

高寄　昇三
(甲南大学名誉教授)

公人の友社

目　次

はしがき ……………………………………………………… 4

Ⅰ　地方政治とポピュリズム ……………………………… 9

1　ポピュリズムの政治戦略 ……………………………… 10
2　ポピュリズムの政治手法 ……………………………… 20

Ⅱ　ポピュリズムの虚像と実像 …………………………… 31

1　原型的竹原ポピュリズム ……………………………… 32
2　典型的河村ポピュリズム ……………………………… 41
3　強権的橋下ポピュリズム ……………………………… 53

Ⅲ　ポピュリズムの政策検証 ……………………………… 63

1　大阪・中京都構想の虚構性 …………………………… 64
2　不完全自治体と特別区 ………………………………… 85
3　大阪経済振興策とカジノ構想 ………………………… 98

Ⅳ　ポピュリズムとマスメディア ………………………… 105

1　マスメディアと世論形成 ……………………………… 106
2　マスメディアと政治的中立性 ………………………… 113

はしがき

　今度の統一地方選挙（2011年4月）は，大阪都粉砕か，大阪市存続かを決める，選挙となる。それは単に大阪府・市，府県・大都市といった次元でなく，"地方ポピュリズム"対"地域民主主義"，"府県集権主義"対"市町村主権主義"との戦いで，戦後，地方自治の成熟度が，試される選挙でもある。
　またポピュリズムが，ひろがる政治風土を，つくりだすかどうかの選挙でもある。国政では小泉政権の郵政選挙・小泉劇場が，すでにポピュリズムとして注目されているが，地方政治でもポピュリズムは，本格的に選挙の洗礼をうけることになる。
　ポピュリズムは，首長選挙では圧倒的な人気で，勝利をかち取ってきたが，施策としては，河村名古屋市長の1割市民税減税，竹原前鹿児島県阿久根市長の給与削減などで，政策的には，それほど優れたものでない。
　橋下大阪府知事の大阪都構想は，大阪市解体という府県集権主義の挑戦であり，ポピュリズムの政治手法が，凝縮された戦略として，市町村主権としては，到底，容認できないものである。
　大阪都構想については，『大阪都構想と橋下政治の検証』（2010年10月，公人の友）で，道州制・府県制・指定都市制などの制度論のなかで，大阪都構想が，無用の改革であることを，中心に論述していった。この制度論の考察過程で，気になったのは，橋下知事の大阪都構想への戦略手法であり，その府県集権主義の性格であった。
　その後2カ月たつと，大阪都構想の具体的問題が，次第に浮上してきたので，『虚構・大阪都構想への反論』（2010年12月，公人の友）をまとめた。総論として大阪府・市の対立原因，具体論として大阪都構想の実証的分析，大阪都構想の危険な動向にふれていった。

この時点では,橋下知事のポピュリズム的対応が,かなりはっきりとなり,大阪都構想の粉砕には,ポピュリズムとの対決が,避けられない課題であるとの認識が,深まった。

　本書『大阪市存続・大阪都粉砕の戦略』では,地方ポピュリズムを,大きな課題として追求していった。橋下知事だけでなく,竹原前阿久根市長,河村名古屋市長も対象として,今日の地方ポピュリズム・ポピュリストの実像に迫ってみた。

　地方政治・地方自治にとって,本格的なポピュリズムと,対決するのは初めてであり,この正体不明の政治スタイル・手法・政策に,メスをいれてみた。その政策貧困性は,革新自治体と比較すれば,歴然たるものであるが,その政治勢力は,既成政党を圧倒する勢いである。

　ただその政治手法は,常軌を逸している。竹原市長の専決処分乱用は,違法公行為が,世論の反感を買い,11年1月16日の2度目の市長選でやっと辞職に追い込まれている。

　また河村市長の市民税1割減税も,政策的にナンセンスで,減税後,名古屋市は,使用料・負担金など,住民負担を大幅に引き上げている。しかし,11年2月6日の名古屋のトリプル選挙では,河村市長・大村愛知県知事候補・名古屋市議会解散のいずれもが,圧倒的多数で当選・可決されている。

　現在の政治への不満が,地方自治体の変革を,もとめたからであるが,政策的には議会改革が,一向にすすんでいない現状が,既成政党に厳しい結果となっている。要するに河村市長の選挙戦術の勝利である。

　大阪都構想も,3都構想に賛成・推進派の大村氏が,愛知県知事に当選したことで,政治環境は,政令指定都市見直しに拍車がかかり,大阪市存続派にとって,前途は予断をゆるさない事態となった。

　しかし,河村市長の再選は,市議会の保身体質が,ターゲットにされ,政令市への論議が,選挙で争点となっていない。政策的にみて,大阪都構想は,改革の問題点が,市民に浸透していない。

　現在の大阪市が,生活軽視の行政をしている事実はないし,特別区にすれ

ば，一段と生活行政が貧困化することは，制度設計から確実である。いま大阪にもとめられているのは，広域行政で高速道路を整備することでなく，狭域行政で生活救済を強化することである。そのため大阪市をふくむ，市町村の充実こそが，焦眉の案件である。

政治的風潮に便乗して，大阪市を抹殺すると，いとも簡単にいうが，大阪市が百年以上にわたって，培ってきた都市経営のノウハウを，大阪都が継承することができない。ポピュリストは，壊し屋であり，建設は苦手である。

要するに創造的破壊でなく，事実，橋下知事の施策をみても，減量経営と公共投資であり，新しい環境にふさわしい，卓抜した政策の冴えは，どこにもみられない。大阪都構想にしても，東京都制の模倣でしかない。

大阪都構想については，最近，研究論文・大阪府報告書・「大阪維新の会」の新マニフェストなどが，発表され，構想の欠点・課題が，より鮮明になってきたので，前2冊の重複をさけ，追加・補充をした。

ポピュリズムは，政策の杜撰さにもかかわらず，選挙民の絶大な支援をうけ，選挙戦をつうじて，ポピュリズムの地方議会を抜きにした，一元的政治支配が形成されようとしている。この現代民主主義の様相こそ，大衆社会の政治ジレンマであり，地方自治の危機である。

このようにポピュリズムが，選挙において圧倒的な強みを発揮するのは，これまで地方議会・自治体改革が，ほとんどすすんでいなかったからである。しかし，ポピュリストが，これらの行政的怠慢に，照準をあわせて，既成勢力を攻撃し，成功を収めることができたのは，マスコミが，ポピュリストのワンフレーズ選挙戦術・シングル・イッシュ戦略を，支援したからである。

これでは大阪都構想の行方を決めるのも，政策の是非でなく，むしろポピュリストの人気度であり，マスメディアの報道姿勢が，勝敗の行方を，握っているといっても過言でない。

マスメディアは，本当に輿論形成機能という，社会責任を果たしているのか疑問である。大阪都構想論争をみると，小泉政権の郵政劇場の再現ではなかろうか。これでは大阪都構想をめぐる論議も，歪められ，大阪都構想の決

着も，適正な選択がなされないのではないかと憂慮される。

　地方議会改革は，緊急の課題であり，民意の表れであり，正論であるが，その余波で，百年以上もかけて培ってきた，政令都市制度までが，死滅のターゲットとする，ポピュリズムの野望を，何としても，阻止しなければならない。

　本書は，地方ポピュリズムとマスメディアという，新しい視点からも大阪都構想の問題を，再度，整理した。市民がワンフレーズのムードで，政策の選択をすることがないように，市民的政策討議の素材を，提供するため，まとめたものである。

　再三の出版という，無理な要請を，引き受けていただいた，公人の友社の武内英晴社長に心から感謝します。

　　2011年2月

　　　　　　　　　　　　　　　　　　　　　　　　　　高寄　昇三

I　地方政治とポピュリズム

1　ポピュリズムの政治戦略

　ポピュリズムは，ここ1年の動きをみても，自信を深め，猛威をふるいつつある。現在，地方政治におけるポピュリストとしては，橋下大阪府知事，河村名古屋市長，竹原前鹿児島県阿久根市長があげられる。
　それぞれタイプは，異なるが，行政・議会改革をターゲットに，職員給与・議会報酬削減をめざす，減量経営を主たる戦術にして，選挙民の大きな支持をえている。その政治姿勢も，マスコミを活用した，大衆扇動・迎合型のポピュリストといえる。
　もっともポピュリズムも，政治的少数派であれば，それなりに有効な政治効果をもたらす。全国的に市民派議員は，多く活躍しており，当該自治体の不正・無駄の摘発に，威力を発揮している。
　しかし，多数派となり政権を掌握すると，従来のようにしシングル・イッシュでは，行政運営はできず，政策の総合化が，不可欠の条件となる。ただ今日のポピュリズムは，すでに首長という権力の座を確保しているが，依然として減税・減量といった，シングル・イッシュで，政権を維持している。
　ポピュリズムの戦略は，巧みな政治戦術で，政治勢力を拡大しつつある。第1の戦略は，「**大衆扇動・迎合的戦術**」である。河村市長の減税戦術・橋下知事の大阪都構想・竹原前市長の減量経営などである。
　第1に，**敵対勢力の設定**である。大阪都構想は，大阪市の放漫行政を，「市長・労組・議会」のトライアングルの，なれあい病巣と攻撃し，大阪市を敵対勢力の対象とすることに成功している。
　名古屋市では，河村市長が，議会を抵抗勢力に，仕立て上げるのに成功し，名古屋市議会を，格好の敵対目標とする戦略が，筋書きどおり運ばれている。
　第2に，**ワンフレーズの戦術**で，ポピュリストは，単一スローガンで，首長選挙に勝利した。政策形成能力が，未成熟のまま，政権の座を射止めたが，

議会は既成政党が牛耳っており，ポピュリストとしては，このねじれ現象を，打開しなければ，なんらの施策もできないという，焦りがある。そのため説得より政治的対決による屈服をめざしている。

しかし，それは変革とはいえ，過激な改革であるため，議会の牽制をうけているが，辛抱強く説得すれば，実現していくはずである。大阪府では府庁の一部は，移転できたし，名古屋市でも，減税は単年度であるが，実現している。なんでも短期で思いどおりに，達成しようとするのは，独裁政治である。

滋賀県の嘉田知事は，新幹線駅の設置を，無用の公共投資として"もったいない"という，ワンフレーズで当選し，多分にポピュリスト的対応を帯びていたが，当選後，ポピュリズム的対応をおさえ，本来の行財政施策を，基調とする姿勢を貫いている。

かって革新自治体の首長は，ほとんどが落下傘部隊で，少数与党に苦しんだが，討議と説得で，自治体運営を軌道にのせ，なおかつ行政実績をのこしている。ポピュリストは，議会勢力を自己の政治傘下に，組み入れるため，橋下知事は，政治対決で「大阪維新の会」を創設し，正面突破をめざし，河村・竹原市長は，リコール・解散・選挙という，攪乱戦術を展開している。

大衆社会では，天性のポピュリストが誕生する，豊かな土壌がある。そこではポピュリストは，「政治を利害対立の調整の場としてではなく，善悪の対立というモラリズムの観点から，しかもドラマとしてみる………不当な汚い手段で得られた『特権』『既得権益』，そして国民の目に隠された『金権（money power）』への挑戦」（大嶽秀夫『日本型ポピュリズム』112頁，以下，大嶽・前掲書）として，政治活動を展開している。

第2の戦略は，**地域政党の創設**である。一元的支配をめざすため，橋下知事の「大阪維新の会」，河村市長の「減税日本」など，地域政党の創設は，既成政党にとっては衝撃であり，11年4月の統一地方選挙をひかえ，脅威の存在となりつつある。

すでに大阪市の福島・生野区の市議補欠選挙では，「大阪維新の会」の候

補者が，他政党の候補者に圧勝している。

　橋下知事は，「大阪維新の会」を，地域政党（ローカルパーティ）として，立ち上げている。「自治体の首長が代表に就く地域政党は今後，首長が政治力を発揮する最高のツールになる」（11年1月1日，朝日）と，その政治効果に期待している。

　この点，従来のポピュリストは，自己の政権の安定化だけが関心事であったが，橋下政治は，勢力拡大をめざす，本格的ポピュリストである。

　なぜ地域政党を，結成したかについては，「もちろん首長1人で何でもできるほど自治は簡単ではない。僕が掲げる大阪都構想にしても，議会の多数を押さえないと進められない。僕を代表に地域政党『大阪維新の会』を昨春，立ち上げたのはそのためです」（同前朝日）と，説明している

　さらに「直接選挙で選ばれた首長が地域政党をつくって政策の実現を図る。この手法が面白いのは，代表と議員の選出根拠が違うので，両者が合意した政策以外は平気で相反することができる点。代表の独裁になるどころか，むしろ抑制が働きます」（同前朝日）と，政党として自由な結合ぶりを披露している。

　しかし，「大阪維新の会」における，党首と議員の関係は，議員は橋下知事の人気に，擦り寄っているので，いうような平等の関係ではないだろう。

　さらに「大阪維新の会」で，大阪府議会のみでなく，その他市議会も，制圧する勢いであるが，個人的に橋下知事を，信奉する集団で，多数派になれば，議論・監視する議会は，消滅するだろう。

　すなわち正当な統治姿勢が，欠落したまま，一元的権力支配の構造が肥大化していく，恐怖のシステムとなる。

　最近の「大阪維新の会」の動きから，地域政党の問題をみると，第1に，**古い地域政党**としては，古くは1950年に結成された沖縄社会大衆党があり，最近では嘉田由紀子滋賀県知事が，「対話でつなごう滋賀の会」を結成し，2007年の県議員選挙（定数47）に公認・推薦あわせて19人を擁立し，12人を当選させている。

第2に，地域政党には，首長を党首とする**首長型政党**と，議員を中心とする議員型政党に区分できる。近年，10年4月に橋下知事の「大阪維新の会」，河村市長の「減税日本」が結成されたが，首長型地域政党である。

　一方，**議員型政党**は，10年8月に京都市で「京都党」，12月に亀岡市で「亀岡・キセキ」，11月に大阪府吹田市で「吹田新選会」，4月には岩手県で「地方政治いわて」，静岡県磐田市で「地域主権・静岡」が発足している（11年1月13日，朝日参照）。

　第3に，**既存政党との対決**である。従来の地方政党は，中央政党の支部に過ぎず，地域政党として自立性は，乏しいものであった。中央政党は，国政選挙における，手足として便宜的に利用してきたふしがある。

　また政策面でも，前岩手県知事増田寛也（元総務相）は「地域主権を唱えながら政策は中央から降ってくるものが多く，有権者は物足りなさを感じている」（同前朝日）と，その無気力ぶりが指摘されている。

　要するに既成政党は，沈滞化しており，本来の議員機能を発揮していない。この現状打破として，地域政党が台頭してきたといえる。

　第4に，政党としては，「大阪維新の会」にみられるように，**党首の影響力・支配力**が，大きすぎることである。地域社会における，環境・福祉・教育などの，市民地域活動グループが，その運動の実績をふまえて，政治団体となり，さらに地域間連携を求めて，ネットワークを形成していった，西欧における「緑の政党」のような政党ではない。

　極論すれば，「大阪維新の会」は橋下知事の人気だけを，頼りの寄合所帯である。そのため，大阪都構想は，「大阪維新の会」の結束を固め，選挙戦のテーマとして，かかげることで，同会のかけがえのない活動エネルギー源となっている。

　第5は，今日の地域政党は，いわゆる**市民派の議員とは異質**である。日本では市民派議員は，地域活動を通じて，政治に関心をもち，議会への進出がみられた。「大阪維新の会」の地域政党は，このような市民派とは，理念・対応からみて異質である。

イギリスの地域政党ともちがう，市民的地方政党として，独立党（Independent Party），納税者連合（Rate Payer and Residents）といった，市民政党が自治体監視を目的として活動しており．大都市圏では数％以下であるが，非大都市圏の小規模自治体では，多数政党として，市政を徹底監視・運営している（拙著『イギリスの地方自治』勁草書房，1996年参照）。

　今日，大阪府の地方政治状況は，中和剤・緩衝帯となる，市民政党勢力は，きわめて小さな政治勢力にすぎなく，ポピュリズム政党と既成政党の正面衝突となっている。

　第6に，今日の地域政党は，**既存政党への不満の受け皿**として，ネガティブの役割はあるが，全体としての政策はない。「中身がはっきりしないだけに，いざ多数を占めると化けの皮がはがれることもある」（増田発言，同前朝日）といわれている。

　むしろ危惧されるのは，ポピュリスト集団としての多数党が，対立政党を討議でなく，強権を発動して，首長と二人三脚で，翼賛会的行動に打ってでることである。それならば政策も民意も，必要がなくなる。

　第7に，**知事型地域政党の弊害**として，市町村にとっては，内部から「大阪維新の会」で，揺さぶりをかけられ，外部からは，首長選挙で圧迫をうける状況になる。

　「大阪維新の会」が発散する，ポピュリズム特有の作為的な情報操作によって，歪められた民意が醸成されていくと，攻撃的ポピュリズムによって，多くの市町村は，行政的混乱の深みへと，陥ることになる。

　自民党が，政権与党であった時代，道路予算の個別箇所づけを誘因として，選挙における誘導を図ってきたが，そのための弊害は，選挙を政策論争型から，利益誘導型に堕落させただけでなく，無駄な公共投資となり，今日の財政悪化をきたした，最大の原因となっている。

　橋下ポピュリズムが，絶対多数を制した後は，利権誘導型政治より，さらに露骨な強権圧政型政治による市町村自治への侵害が，危惧される。ことに府県知事は，地域の市町村への許認可権・補助金交付など，さまざまの統制・

制裁手段をもっているので，政治と行政の区分が困難である。

　戦前の政友会・憲政会が，自派の息のかかった知事を任命して，政党勢力の地域への扶植を図っていき，政党の堕落をまねいた。結果として，政党の地方支配が，さまざまの弊害を引き起こし，政党衰退から軍部の行政への介入を許すことになった。もしポピュリズムが，暴走すれば，地域社会の混乱・破滅の危険性は，極めて高い。

　第8に，**政党活動分野の拡大**である。しかも橋下知事は，議員選挙だけでなく，府下市長選挙についても，公務員の給与改革・学校給食導入をあげ，「大阪都構想とは別に，市町村の課題をだして（同じ考えの）市町村長を推していく」(11年1月8日，朝日)と，議員のみでなく，市町村長選挙にまで，介入すると公言している。

　「学校給食の問題などは市町村長が動かないとできない。（自身が代表の地域政党）大阪維新の会で統一選の争点にし，乗ってくれる市町村長と一緒にやっていく」（同前）と，選挙での共闘を打ち出している。

　新聞は「人気の高い知事の支援を求める動きが広がる可能性がある」（同前）と伝えているが，堺市の先例では，現職市長が橋下支援の候補に敗北した実例もあり，実際，統一地方選挙をむかえる首長は，戦々恐々としているのではないか。

　このような橋下知事の選挙戦略からみて，「政治と行政」の区別は不可能で，むしろ政治と行政の癒着を，積極的に活用している。しかし，このような選挙戦略は，地方政治の堕落・地方自治の劣化をもたらす，由々しき行為である。

　第1に，**首長選挙への介入**である。選挙だけでなく，知事の権力・施策に反対する，首長は選挙で，蹴落としていく戦術である。中央政党による利益誘導は包括的間接的であり，なおかつ補助金・交付税・地方債などの制度は，成熟度が高く，強固な省庁が介在し，政党の恣意的介入はむずかしい。しかし，府県知事は，専決処分で，かなりの利益供与・剥奪ができる。

　第2に，市町村における**自主独立施策の侵害**である。直接的でなくとも，

間接的におびやかす結果を引き起こす。橋下知事が，市町村行政である，小学校校庭に芝生化なども，知事の意向を察して，市町村で整備していく風潮がひろがれば，府費を使うことなく，市町村の財源で整備ができる，都合のよいシステムが形成される。

　第3に，府行政に反対する，市町村への**制裁措置として利用**される恐れがある。今後，高速道路建設反対の市町村長にも，この戦術をちらつかせたり，威嚇したりすることで，反対運動を封殺することもできる。

　府県集権主義・橋下王国の誕生も，夢ではなくなりつつある。所詮，政治と行政の区別は不可能であり，現状はすでに行政の政治的中立性を犯しており，首長として，行政中立性の限度を逸脱している。

　第3の戦略が，「**直接的参加の活用**」である。市民参加のシステムとして，有効であり有益であるが，その行使・運用は，必ずしもオールマイティではなく，手法にひそむ，欠陥を，如何に治癒していくかが，課題となる。

　第1に，直接的参加の**政治的利用**である。河村市長の住民投票・市長辞職・同日選挙といった，政治戦略（10年12月21日，朝日掲載）についての市民の評価は，100人アンケートでは，「評価する」37人，「評価しない」27人，「どちらともいえない」36人と，「評価」が「評価しない」を上回っている。

　「評価する」市民の意見は，「手法はどうあれ，市政をかえようとする努力の現われ」「市長と議会の関係がぐちゃぐちゃなので，民意をはっきりさせる意味で賛成」「市民税減税の是非についての審判を市長が自らの選挙で市民に求めるのは正しい」と，単純な判断がなされている。

　「評価しない」は「市議会解散を問う住民投票が決まったのに，どうして市長選をやるのか疑問」，「勝てると見込んでいるから，選挙する。市政を私物化している」（愛知県知事戦の応援）とからめて，「まずは，足元の名古屋市のことに取り組むのが筋でしょう」などである（同前朝日）。

　辞職・市長選の核心は，愛知県知事戦での，大村候補への応援である。河村市長は選挙応援を否定し，「減税条例案が否決されたのは，市長に対する不信任案が可決されたのと一緒のこと」（同前朝日）と弁明している。

河村市長は, 議会の不信任がないのに, 辞職する理由はなく, しかも議会解散のリコールが成立し, 民意が再度とわれているので, その結果をまつべきである。

　その結果をみて, 辞職するか, 減税案を再度提案すればよい。しかも減税案否決というが, 単年度実施は, 議決されている。保育所料金値上げが, 恒久減税案否決への理由である。

　マスコミは「民意は, 確かに河村氏に温かい。しかし, 突然, 市長辞職という奇策を弄して, 愛知県知事選に挑む『盟友』を助ける行動までが許されているわけでない」(同前朝日) と, 厳しい評価となっている。

　第2に, 直接参加方式の**連鎖反応**である。鹿児島県阿久根市では, リコール・住民投票の連鎖が起っている。10年12月6日, 市長反対派の市長解任リコールが成立し, 市民は再度市長選択をなすことになり, 西原市長が選出された。それでも12月20日, 竹原市長派のリコール実行委員会の議会解散リコールが成功し, 11年2月の議会選挙が行われる予定で, 政治的混乱は今後もつづきそうである。

　名古屋市でも同じ, 議会解散のリコールが成立した。直接的市民参加としてリコール運動などについて, ジャーナリストの今井一氏は, 「最初にリコールを呼びかけたのは市長だったが, 実際に時間と労力を費やしたのは市民だ。主権を行使するための努力を市政の混乱と斬って捨てるのは的外れだ」(10年12月16日, 朝日) と, リコールへの批判に反論を展開している。

　元総務相の増田寛也氏は, 「だが, 直接請求制度は, 議会と首長の『二元代表制』を補完するもので, 首長は本来, 議会と議論をかさねて結論を出すべきだ。『抵抗勢力だ』と蹴散らしていくやり方が, 当たり前になっていけば, 議会不要論につながり, 民主主義の根幹を揺るがす危険がある」(同前) と, 首長主導型のリコールに批判的である。

　もっとも市民の声は, 「今のままじゃ, 河村市長はやりたいことができない。市長は正直な政治家と思う」(同前) といわれている。「市民が政治に参加できることを証明した」(同前) と, 評価している。

河村市長は，市議・市長・知事選のトリプル選挙を画策し，まんまと実施にこぎつけている。横井名古屋市市会議長は，辞職申出の河村市長に対して，「大村さんを選挙で勝たせるための辞職じゃないか。選挙のために2億4千万円の血税を使うのは市政の私物化だ」(10年12月20日，朝日) と，詰問している。

　第3に，**中間機構の排斥**である。リコール運動を背景にした，ポピュリズムの直接手法は，「小泉政権以降，カリスマ性のあるリーダーと人民一般の間にある，中間的な勢力を抜いていこうという『中抜きのポピュリズム』が強まっている」(長谷部恭男・11年1月5日，朝日新聞・夕刊) と，警戒されている。

　官僚だけでなく，マスメディアも例外でないが，「名古屋市や鹿児島県阿久根市のように，議会さえも外していまおうという動きが出てきた」(杉田敦・同前朝日) と，危惧されている。

　第4の戦略は，**マスメディアの巧妙な活用**による，大衆の意識操作である。第1に，**詐術によるキャッチ・フレーズの乱発**である。現在までは露呈することなく，むしろ一般的認識と定着しつつある。大阪府・市における「7,000億円の二重行政」は，大阪都構想実現への戦略的フレーズとして，受け入れられている。

　特別区方式も「大阪維新の会」のマニフェストは，「大阪市から権限と財源を，区に取り戻す」と，市町村主権を強調しているが，実態は大阪都による大阪市の権限・財源の収奪という，府県集権主義のための改革という，意図はかくされたままである。

　第2に，攻撃型ポピュリズムは，その弱点・欠点は，覆い隠されたままであり，世論の批判にさらされていない。橋下知事は，4月28日の記者会見で，「大阪市の借金を消す案をいま一生懸命考えている」と，披露しているが，財政実態は，大阪府がはるかに悪い。常識では考えられない，大阪府赤字かくしの，超高等戦術である (高寄昇三『虚構・大阪都構想への反論』37～50頁参照，以下，高寄・前掲書)。

第3に，ポピュリズムは，**政策選挙よりイメージ選挙**を好む。実際の選挙における投票について，社会的帰属・業績評価（争点評価）・心理的要素などがみられる。政党支持率がひくくなり，無党派層が50％をこえる状況で，人気・知名度が決定的要素となる。

　またはじめての立候補者は，業績評価もできない。結果として投票上の記載台で，名前のうかぶ人物の氏名を，書くだけである。

　要するに政治決定システムの循環において，インプットが誤った情報であれば，決定システムとしての選挙が，いかに適正に稼動しても，アウトプップされる，選挙結果が，正しいことはない。

　またポピュリズムが，多数をしめれば，政策をフイードバックさせる機能も，ポピュリストの偏狭的性格から，麻痺することになりかねない。さらにポピュリズムの真意がかくされたまま，改革・施策のみが，浸透していることである。

　今日の地方自治の危機は，政治的決定システムの公正な機能が，機能不全をきたしつつあることである。日本は政治文化として，「参加型政治文化」が，定着しているとみなされているが，その底流には，権威主義的政治文化が，完全にすたれておらず，ポピュリズムがひろがる，政治土壌が枯れていないのである。

I　地方政治とポピュリズム

2　ポピュリズムの政治手法

　それにしてもどうして，ポピュリズムの短絡的な減量経営施策，杜撰な地方制度改革が，高い支持率を，確保できるのか。実際，地方公務員の給与・議員報酬削減は，市民オンブズマンが，追求しだしてから，20年以上になるが，一向に埒があかない。このように蓄積された不満が，ポピュリズムの温床となっている。
　ポピュリズムは，まず既成勢力を，改革の怠慢・利権の温床として攻撃し，市民の圧倒的支持をえて，政治基盤を確保すると，自己の政治勢力を拡大するため，地方制度改革，自治体経営刷新，地域開発政策などをうちだしていった。
　しかもこれらのビジョンを連携させて，攻撃の圧力を増幅さえている。大阪都構想がまさにそれで，大阪経済の振興・大阪市財政改革と連動させ，一元支配・府県集権主義・橋下体制確立をめざす，見事な戦略図式である。
　まず攻撃の対象は，第1に，**地方議会への不満**である。議会は高い報酬をえていながら，行政への監視機能は，とんど発揮していない。しかも議員の職業化・世襲化が広がっている。
　河村名古屋市長は「同じ人しか議員になれない社会を，橋下さんと平成の薩長同盟で突き崩す。国にやってちょうと言ってもやらない。自分たちで傷つきながらやる。既得権で縛り付けられた幕府はひっくり返す」（10年12月22日，朝日）と，改革の決意を示している。
　ポピュリズムが，ひろがる素地には，既存政党・行政団体が，民意を十分にくみとり，地方行政に反映していないという，政治・行政の怠慢がある。
　この市民不満を，ポピュリストは，政治戦略として，自己勢力の拡大を図っていくため，短期に独断的に解決するため，市民の不満を煽り，格好の攻撃ターゲットとした。
　マスコミは，このたびの河村市長のトリプル選挙について，「分かりやす

い敵をみつけ，鋭い言葉でたたく，閉塞感の強まる社会で，指摘すべき矛盾は数々ある。だがそれだけでは次の時代は開けない」(10年12月21日，朝日社説)と，その安直な対応に，自戒を求めている。

第2に，**地方公務員への不満**である。地方財政は長期にわたり，低迷をつづけ，財源と需要ギャップにあえいでいるが，行財政改革は，遅々としてすすんでいない。常套手段といえる，減量経営方式が，適用されているだけである。

このような自治体の改革怠慢の象徴が，公務員給与と議会報酬であり，ポピュリストは，相手が容認しないことを見越して，急激かつ大幅な削減を提唱して，抵抗勢力に仕立てあげていった。

第3に，**地域経済への不満**である。ポピュリストは，当該地域社会が直面する，経済・生活問題への閉塞感の打破をめざす。橋下知事の場合では，大阪府経済の低迷であり，竹原市長の場合でも，地域経済の疲弊が背景にある。

橋下知事の大阪都構想も，大阪経済復興のための制度改革である。「大阪維新の会」の綱領をみても，自虐的ともいえるまで，大阪経済の凋落ぶりを強調している。そして市民の共感をバネに，広域行政の一元化，基盤整備による経済浮上を提唱し，市民・財界の期待性を呼び込んでいる。

第4に，**政治システムへの不満**である。間接民主主義のもとでは，市民参加は，どうしても不完全燃焼となる。大型プロジェクトに対する，反対運動などが，レフェレンダムでないため，議会の否決にあっている。

しかし，ポピュリズムは，リコールなどの直接参加の活用だけでなく，間接選挙までも単純なスローガン・ビジョンの設定によって，直接参加型のシステムに変貌されていった。

ただ従来，地方政治家は，自己の政治基盤を，利益団体に依存し，利益誘導型の行政で，票田を培養してきたのである。中央官僚出身の首長は，利益誘導手段としては，中央省庁の補助金がある。革新自治体の首長も，多かれ少なかれ，労組の票田という，既存利益集団に依存していた。

ポピュリストは，このような既存の支持基盤をもたないので，その政治戦略は，如何に，一般市民の歓心を，惹き付けるかである。ただポピュリスト

といえども，一度，当選して首長の座につくと，予算配分・人事権行使・事業認可など，さまざまの利益誘導要素を，掌中に収めることができる。

　地方政治におけるポピュリストの類型化を試みると，第1に，**相乗り型首長**では，政党色をきらい，無所属で立候補する。それは既存の利益集団の票田を，温存しておきながら，無党派層の票も，同時に確保していく「相乗り型」の政治戦略である。

　それでも無党派層がおおくなり，知名度が高い候補者に，保守候補が敗北する事態が，生じていった。そのため既存政党も，選挙対策としては，政治的に無色のタレント候補を漁る傾向が，強まるにつれて，結果としてポピュリズムが，ひろがっていった。

　第2に，**革新自治体の首長**で，労働組合依存型では，保守政権に対応できない。そこで一般大衆の政治的ニーズに応える，施策を打ち出した。ナショナル・ミニマムに対する，シビル・ミニマムであり，開発に対する福祉・環境であり，官僚行政に対する市民参加である。知名度の高い候補者もいるが，無名の候補者も，革新自治体の政策をかかげて，ぞくぞくと当選していった。

　しかし，革新自治体の首長が，ポピュリストと基本的に異なる点は，地方行政に関する政策内容が，明確に打ち出されていたことである。飛鳥田横浜市長・美濃部東京都知事は別として，多くの革新自治体の首長は，革新自治体の政策綱領を，選挙戦では政治的争点としてかかげ戦ったのである。当選後も革新自治体の政策を，忠実に履行し，地方自治史に金字塔を打ち立てることができたのは，その政策が確立され，優れていたからである。

　第3に，**改革派知事**などである。これらの候補者は，個人的に自治体改革のテーマをかかげて，当選をかちえている。いわば実力派の首長である。

　片山鳥取県知事は，議員の口聞き公開，北川三重県知事の行政評価方式による事業決定方式，田中長野県知事の脱ダム宣言など，選挙民の大きな賛同をえている。

　「彼らは情報公開をすすめ，役所仕事の非常識を改め，行政の公正化と効率化を図りました。また，住民参加を図りました。また，住民参加の拡大に

より，地方の政治の風通しをよくしました」「彼らの多くは中央省庁のキャリア官僚出身者であったり，国会議員経験者であったりした。既存の政治や行政を内側からみて，その問題点を熟知していたからこそ，大胆で的確な改革を実現することができたのです」（山口二郎『ポピュリズムへの反撃』107頁）と，行政実績が評価されている。

　第4に，2000年以降の**ポピュリズム的首長**である。かれらは保守首長のように選挙基盤はなく，革新自治体首長のように改革政策はなく，全国的な支援もない。また改革派知事のように行政実力を，立証するだけの経歴もない。

　ただ2000年になると，既成政党もタレント候補を擁立するようになり，ポピュリストの立場は強くなった。それでもポピュリズム候補者は，大衆的人気，しかも選挙目当ての即製的人気に依存するしかない。

　そこで「虚構の公益」として，公務員給与・議会報酬削減を構築し，「一種の擬似政治的信用―公共的権威にむかって人々が抱くような一種の敬意―を動員することになる」（ハーバーマス著・細谷貞雄訳『公共性の構造転換』263頁，以下，ハーバーマス・前掲書）のである。

　河村市長の減税に賛成した有権者が，減税を単なる負担軽減のメリットとみなす市民か，軽減を突破口として，さらなる政治・行政改革をめざす市民かは，投票結果だけではわからない。河村市長は，減税後の総合的改革ビジョンを，策定していないからである。

　もっともポピュリストといえども，行財政実績をつみ，その成果をもとに高い支持率をえていけば，ポピュリストとはいえないであろう。要するに期待感が，行財政施策の実現となって，結実するとき，ポピュリストではなく，本来の政治・行政家として，その地位を不動のもととするのである。

　多くのポピュリストは首長となり，権力をもったポピュリストになると，竹原阿久根市長のように，違法・脱法・不当行為が，頻繁に行われ，既存勢力との熾烈な闘争が展開される。

　この傾向は，竹原市長のみでなく，橋下知事の大阪都構想，河村市長の減税・議会解散などにみられるように，共通する現象である。

I　地方政治とポピュリズム

　ポピュリズムになぜ反対するかは，感情論ではなく，政治姿勢・行財政・政策論であり，ポピュリストが，地方政治において，絶対的権力を構築した場合，これまでの言動から推測して，討議による地方自治の死滅は，避けられないからである。この点，革新自治体の活動と，ポピュリズムの行動を比較してみるとわかる。

　ポピュリズムの政治特性をみると，第1に，**政治目標**としては，全体的改革ビジョンはなく，地域経済の復興・強化・自治体減量化など，局部のテーマである。中央集権に対する地方分権，地域開発より市民福祉といった，政策的色彩の濃いものでなく，極端にしぼられた課題である。

　第1に，政治姿勢としては，**一元的支配**である。地方分権では，橋下知事の政策にも，単発としてみれば，教員任免権の都市自治体への移管，「ぼったくりバーの請求書」で一躍有名になった，政府直轄事業負担金など，地方分権的政策の選択は，みられるが，全体の政策傾向は，府県集権主義である。

　むしろ注目されるのは，執行部優越の一元主義の形成・実施である。3首長とも，意のままにならない，議会への攻勢を強め，自派の議員の増加をめざしており，実質的な一元体制の形成である。この傾向には，専制的政治の萌芽がみられる。

　要するにポピュリストは，「官僚や議会，メディアといった中間的な勢力はこれまで，多様な利害や価値との折り合わせる役割を担ってきました。それを外しても大丈夫だとする人々は『もうすでに答えは出ている』と思っている。答えはある，審議の必要はない，あとは実行するだけなのに中間勢力が邪魔している」（杉田敦・11年1月5日，朝日夕刊）と信じている。

　政策論議なき政治闘争である。ポピュリズムの政治手法は，従来の地方政治手法とは，かなり異なるものであった。選挙をみても，タレント候補と草の根保守との戦いという，空中戦と塹壕戦といった，共通の土俵をもたない，政治対決である。政策的論争が，不毛のままでは，どちらが勝っても，地方政治の劣化を，もたらすだろう。

　第2に，地域政策は，「**経済圏の復興**」であるが，比較的経済状況が良い名

古屋市の河村市長も,「強い経済圏」をめざしている。具体的にはあとでみるように,カジノとかテーマパークといった,点的開発であり,新産業の創出といったものでない。革新自治体が,経済成長よりも福祉・環境などの生活優先の施策を,かかげたのと大きく異なる。

第3に, **既成体制の破壊**である。既存の政党・官僚・行財政制度・経済構造など,すべてのシステムへの批判である。河村市長の議員報酬削減にみられるように,現在の地方議会を攻撃し,自己の存在価値をクローズ・アップさせる。

既存体制は,特定集団の利益システムであり,一般市民は,その被害者である。一般市民の利益擁護のために,たたかうポピュリストとしての,自分を印象づける。

ただ橋下知事は,弁護士であり,既存集団にぞくしていないが,河村市長は国会議員であり,竹原前市長も市会議員であり,まったく一般市民と,称することはできない。したがって属性に関係なく,ポピュリストは誕生するものといえる。

第4に,ポピュリズムは,一般行政では,「減量経営の徹底」である。一方市民福祉・環境保全・文化創造といった分野分では,目立った施策はみあたらない。また財政運営では,減量経営方式の導入が際立っているが,施策・政策経営といった,高次の経営方式の適用はみられない。

要するに革新自治体にみられた,生活・福祉行政の積極的展開,超過負担訴訟・超過課税といった,具体的地方自治権活用の事例はみられない。

第2の**政治戦略**としては,「政治的演出による支持率の確保」である。既成集団への攻撃を,効率的有効的の展開するため,敵対・抵抗勢力と,改革・推進勢力の区分けをする。河村市長・竹原前市長では,議会・公務員であり,橋下知事は,行政・公務員だけでなく,大阪市を敵対者に仕立ている。

ポピュリズムは,この敵対勢力を駆逐するため,さまざまの情報戦術を駆使して,既存制度・システムの改革をめざす。

第1に, **誇大・架空効果の演出**である。大阪都構想・議会改革にしても,

その改革に誇大・過大な効果を付与している。大阪都構想では，大阪市を解体し，都制をしき，司令官を１人にすれば，経済が回復し，財政危機も解消し，市民参加も充実し，市町村主権の回復も実現すると信じている。辻元清美衆議院議員が，「都にしたら魔法のように大阪がよくなるのか」（11年１月５日，朝日）と，大阪都構想を揶揄している。

　第２に，**改革ビジョンの乱発**である。地方制度改革においても，府県・市町村・議会制度をどうするかという，全体的な視点での改革構想ではない。橋下知事の関西州と大阪市解体は，どう結びつくのか理解できない。河村市長は，中京都構想で名古屋市を解体するのかどうかも，曖昧である。竹原前市長の議会改革も，議員報酬削減以外は，なんら提示されていない。

　それでもこのような改革は，市民参加・地域主権といった，民主主義のイメージで脚色され，市民の共感を呼ぶ政策へと変貌していった。しかし，制度設定設計は，大阪都構想にみられるように，杜撰である。

　マスメディアを活用して，つぎつぎと施策をうちだしていくが，本来の地味な福祉・環境・防災・人権といったテーマではなく，奇抜な施策を，マスコミを武器として，市民の関心をそこに誘導していく戦術である。

　第３に，**大衆心理の誘導**である。擬似参加心理の醸成で，地方自治・地方分権といった，理念的課題より，河村市長の地域委員会方式であり，橋下知事の特別区長公選である。竹原前市長のように，極端な議員・職員抑圧で，政府・県のみならず，司法すら敵対勢力として，擬似独立政治体制を構築して，市民の外部圧力への敵愾心を，醸成していくのである。

　ポピュリズムの支持層は，既存政党支持層から引き抜くことは，政治的エネルギーの消耗が大きいので，結局，無党派層をターゲットとする。その結果，選挙戦術は，政策論争より，「政党にとって決定的なことは，だれが住民の選挙行動を示唆的に或いは操作的に左右しうるに足る強制手段や情宣手段を駆使しうるか」（ハーバーマス・前掲書272頁）ということになる。そのため選挙は，歪められた情報操作戦となり，実質的に公正な候補者が，選ばれない恐れがある。

第3の**政治組織**としては，指導者の強いリーダーシップのもとに，敵対勢力との対決のため，また集団の結束力の強化するため，地方政党を結成する。ポピュリズムでは，周囲の敵対勢力と，常時，対立関係にあるため，党首のリーダーシップを，強化しなければ，組織が維持できない。そのため地域政党を結成している。

　また政党を結成したことで，ポピュリズム的ムードを高めることでき，「議論する公衆の連帯を保証してきた社会的社交的交渉の諸制度は，その勢力を失しない，あるいは全く崩壊した」（同前271頁）という，状況をつくりだすことができる。

　見落としてはならないことは，革新自治体では首長の多くは，落下傘首長といわれたように，少数与党であったが，討論と妥協によって，実際の行財政成果を，おさめていることである。

　美濃部都政をみると，革新ムードの勢いで，公害防止条例・住民税法人分・事業税の超過課税には成功したが，さらなる福祉財源をめざした，法人固定資産税増税・起債訴訟は，議会で否決されている。保守政党とは，政策・方針において，大きなギャップがあったが，議会解散とか知事不信任という，異常事態を招くことはなかった。

　第4の**行財政手段**としては，政策なき減量化である。しかし，減量経営でたしかに財政収支は，改善するが，政策ビジョンがなければ，なんらの市民福祉への貢献はない。ポピュリズムのアキレス腱は，政策欠乏であり，自治体経営の基本理念である，市民福祉の維持という，気概がまったくみられないことである。ポピュリストは，経済開発をかかげるが，それはあくまで手段に過ぎない。大阪都を誕生させ，高速道路を建設するが，市民福祉が充実させるはずがない。

　橋下知事は，大阪市の放漫行政を槍玉にあげるが，生活保護行政に3,000億円におよぶ巨費を投入し，なおかつ大阪府より財政健全化を保持している，大阪市の実態をみても，大阪市を解体するのかである。

　ポピュリストの自治体経営をみると，減量経営至上主義であるが，職員の

ラスパイレス指数を引き下げて、どこに財源を流用するかの処方箋はない。また減税して、使用料・手数料を引き上げているが、これでは低所得者層圧迫の施策でしかない。

福祉財源の調達のため、公務員給与・議員報酬削減を提案していけば、給与・報酬削減より、高い水準の政策論争が展開され、全体的改革へと連動していくはずである。

少数与党という同じ政治環境にあった、革新自治体は、ポピュリズムのような大衆扇動・迎合といった、対応は選択しなかった。福祉向上・公害撲滅などの政策実践であり、地方自主権行使として、超過負担訴訟・法人超過課税・公害条例などである。革新自治体（表1参照）との比較でみれば、ポピュリズムの政策欠乏症は、否定できない。

表1　地方ポピュリズムの政治手法

区　分	大阪橋下知事	名古屋河村市長	阿久根竹原前市長	革新自治体
政治目標	大阪経済の復興	強い名古屋経済	効率的自治体	市民福祉向上
政治戦略	大阪都構想	地方議会改革	議会・職員改革	政府・企業対決
行財政目標	減量経営方式	減税・減量化	専　決　処　分	シビル・ミニマム
政治手法	多数派工作	リ　コ　ー　ル	リ　コ　ー　ル	政策的対決
政治組織	大阪維新の会	減　税　日　本	支　援　団　体	革新市長会

いずれにせよ現在のポピュリズムには、革新自治体が、公害防止協定・条例などで、法律上乗せ方式で、法律の限界をこえ、日本列島を公害から救済し、市民の生活を守ったような政策の方針・内容は見だすことはできない。

自治権行使では、ポピュリストは内部自治権の活用であり、外部自治権の活用はみられない。革新自治体にみられた、公害防止条例・超過負担訴訟・宅地開発要綱など、政策にもとづく、地方自治権行使ではない。

財政運営でも、減量経営でうみだされた財源で、多くの特定目的基金を、まず自治体が設置し、賛同する市民・企業に寄付を呼びかけるといった、贈与の経済を活用した、施策の展開は、現在までのところは見当たらない。

そしてポピュリストは，市民参加すら，ポピュリズムの政治目標を，達成するための，手段として利用している。反対勢力との討議はなく，動員・操作型参加による，政治圧力の形成に寄与しているだけである。
　アメリカの住民投票が，10年も20年もの年月を費やし，幾度否決されても，その提案の政策的効果を訴えいく，風土とは異なる。日本の直接参加制度の不備もあるが，激情的行動型でなく，論争的政策型の参加でなければならない。

II　ポピュリズムの虚像と実像

1　原型的竹原ポピュリズム

　まずポピュリストの原型ともいえる，竹原前阿久根市長は，自衛官を退職し，市議をえて，08年8月に市長に当選しているが，選挙戦そのものが，物議をかもしていた。竹原前市長の異常な行動をみてみる。
　第1に，**違法・脱法的行為**である。竹原市長は，選挙活動でインターネット上の「ブログ」を更新し，対立候補を批判し，市選管から更新の停止と，記述の削除を求められている。対立候補は「まさかという感じ。法を破ってまで知らない人たちを惑わせるやり方は許せない」(8年9月2日，朝日鹿児島版)と激怒している。
　当選後の10月6日，ブログ更新を理由に，選挙無効を提起した住民に対して，市選管は「公選法に抵触する恐れがあるものの，選挙無効の原因にはならない」として棄却している。
　しかし，確信犯の竹原前市長は，その後もブログで，対立する議員の誹謗中傷を，繰り返しており，そのため「政策論議の舞台となるはずの議会で，竹原市長のブログの内容や政治姿勢を求める議論ばかりが際立った」(08年10月27日，朝日鹿児島版)と，議会の混迷ぶりが，伝えられている。
　竹原前市長は，「ブログは竹原個人として書いてある」と，弁明している。このようなブログの乱用は，その後もエスカレートしていき，「最も辞めてもらいたい議員は？」と，インターネット上のブログで，「インターネット投票」を呼びかけている。
　投票は「閲覧者が自由に投票でき，投票期間や投票結果を発表するかどうかは作成者が決める。発表しない場合，投票先の内訳は作成者しかわからない」(09年1月14日，朝日鹿児島版)ので，公的な情報であるが，私的に悪用される恐れがある。
　しかし，竹原前市長は「市長も市議も公職なのだから批判されるのは仕方

がないものだ。ネット投票はお金もかからないし，思いつきで作っただけ，違法行為でなく，投票結果が選挙や議会に影響しない」（09年1月14日，朝日鹿児島版）と反論し，例の如く市長の立場でなく，個人として投票を，呼びかけているだけとしている。

個人と公人との区別，すなわち政治と行政を区分する，狡猾な弁明を繰り返している。しかも日記として特定市議を，貶める記述があっても，名誉毀損でない限り，訴追もできないが，公人としての記載は，悪質な選挙妨害といえる。

第2に，**作為的紛争の誘発**である。竹原前市長は，08年10月8日，議員定数を16人から6人への削減を，議会に提案したが，否決されている。以後，議会との関係が，一気に悪化し，副市長・教育委員の人事案件が，同意をみていない。また市長給与半減案・印鑑証明など，手数料引き下げ案も，否決されている。

邪推すれば，これらの施策を議会が，必ず否決することを予想して，提案しており，そして提案によって世論を喚起し，否決によって自己への賛同を確保する，政治的シナリオに沿って，演出されている。

このような状況について，竹原前市長の元後援会長石沢正彰さんは，「市長になった以上，市民の声をまず議会に提示して議論を始めるべきだ。議員時代のオンブズマンとしての立場のままでは，行政の長は務まらないのではないか」（08年10月27日，朝日鹿児島版）と，竹原前市長の言動に自粛を求めている。

また鹿児島大学平井一臣教授は，「竹原市長は議案の構想や可決された後の長期的な見通しをもっと具体的に明示し，政策論争を誘発するようにしなければならない。議員定数削減の条例改正案などは単なる人気取りだと，議員に受け止められても仕方がない」（08年10月27日，朝日鹿児島版）と，批判している。

このようなこじれた，市長・議会関係は，9年2月7日，市長不信任議決となった。その理由は，「①市の広報紙で市議会に議決権のある議員定数削

減を市長が呼びかけたり，市議を中傷したりして広報紙を私物化。②市議会が２度否決した教育委員の同意案の人物を市教育委総務課課長に採用。しかも，地方公務員法の兼職禁止規定に抵触していることが明らかになった。③自ら開設しているブログで市議の不人気投票を企画。選挙で選ばれた市議を軽視し，選挙民を侮辱したなどである」(09 年 2 月 7 日，朝日鹿児島版参照) などである。

　第 3 に，**行政情報の政治的利用**である。出直し市議選 (定数 16) は，3 月 22 日に行われて，対立派 11 人，市長派 5 人となった。対立派は，再議決で市長を失効させる，11 議席を確保したが，市長派は上位 5 人であり，2 人から 5 人へと 2.5 倍に増加している。

　しかし，この選挙でもブログで，政務調査費で実名報道された，前議員 2 名が落選し，また選挙期間中の全職員 268 人の給与・手当・退職金を，個人名はふせたが，個別に 1 円単位で公表し，改革をめざす，市長派候補を，応援することになった。

　阿久根市の混迷は，さらにつづいた。9 年 4 月 17 日，市長不信任が可決され，9 年 6 月 1 日，市長選挙が行われた。出直し市長選の争点は，1 つは，「反市長派の争点。ブログで議会や市役所を批判する竹原市長の『改革』手法の是非である」，あと 1 つは，「竹原市長が争点化するとみられる，議会のあり方や職員給与の『厚遇』問題」(09 年 3 月 31 日，朝日鹿児島版) であった。

　選挙結果は，対立候補の元国土交通省職員田中勇一氏を破り，竹原前市長が再選された。結局は，全職員給与公表が，効をそうしたことになった。「1 人あたり平均所得が県全体の 221 万円を下回る 176 万円の市にとって，竹原氏が行った職員の給与公開は衝撃的だった。『高すぎる』『改革できるのは彼以外にない』。マグマのような市民の憤りは『改革』を掲げた竹原市長を後押しし，『地域振興』『市の正常化』を訴えた新顔の田中勇一をはねのけた」(09 年 6 月 1 日，朝日鹿児島版) のである。

　第 4 に，**意図的な情報のリーク**である。阿久根市の職員給与水準についてみると，まず市議会選挙最中に公表された給与から，消防を除く全職員の 07

年度の給与，扶養・管理職，時間外・児童，期末など，14種類の手当をふくめた総額の高い順は，医師（2,586万34円），市長（1,015万6,800円），職員（909万1,695円）となっている。

公開は「市民から職員の給与などについて，もっとよく知りたいという要望が多かったので，よりわかりやすい形で公開した」（09年2月24日，朝日）とのべている。またブログで「経営という観点から市役所人件費の状態をみれば，滅茶苦茶だ。職責や能力と給料の関係もデタラメとしか言いようがない」（同前・朝日）と記している。

市職員は「びっくりした。他の自治体に比べても高い方ではない。出直し市議選に対する選挙戦略ではないか」（同前・朝日）と，憤慨している。このような行政情報入手は，首長の特権であり，選挙中に公表するのは，政治権力の乱用である。

たしかに市職員給与は，半数以上が年収700万円以上で，300万円未満は7％だけである。市職員の平均給与約650万円，民間175万円とすれば，3倍以上の格差が生じている。あわせて公開された退職金は，大半が2,500万円以上で，見事な「官民格差」ぶりで，市民は驚きを隠さない。

しかし，財政指標を意図的に，誤解をうむことを期待して，発表することは，悪意のある選挙妨害といえる。それは1人当り民間所得175万円は，赤ん坊も含まれており，公務員給与と単純に比較できない。

公務員家族が，平均夫婦子供1人の3人とすると，1人当りは217万円で格差は，42万円に縮小する。農業・自営業などの事業所得と給与所得では，積算根拠が異なり，正確な比較は困難なのである。ポピュリストは，相手を攻撃するため，自己有利な衝撃的な数値を，説明なしで公表し，決定的なダメージを，敢えて与えることを，むしろ得意としている。

このように阿久根市の給与水準が，高くなった原因は，地方公務員給与は，国家公務員給与との比較で，決定されており，基本的にラスパイレス指標が，100以下であれば，問題がないとみなされる。

しかし，大阪市と阿久根市が，ほぼおなじラス指標になり，都市部と農村

部の民間給与格差は無視されている。都市部では平均給与であっても，郡部では格段に高い給与となってしまう。

　竹原前市長は，「自治体の給与は，自治体ごとの条例で定めるように法律で決まっている。国家公務員に準じる必要はない。そもそも国から言われる筋合いの話ではないし，それならば自治ができない」（09年3月30日，朝日）と，地方主権の視点から，現行制度を非難している。

　地方公務員の2007年市町村ラスパイレス指数は，東京都調布市104.7が最高で，大阪市101.4，札幌市99.5で，阿久根市99.1，広島市99.1と同水準である。全市町村平均は，98.5，奈良市97.0より高い。なお夕張市は68.0である。

　竹原前市長の給与抑制効果で，阿久根市の08年のラスパイレス指数は，94.9に大きく低下し，全国平均の98.3を下回り，県内18市中，下から3番目になっている。常識的には阿久根市給与水準は，高くない状況になった。

　ただ，市長・議会のねじれ現象が，解消したのでないので，反対派市議は，竹原氏が理不尽な措置をとるなら，今後も対抗していくと言明しており，市長も強硬姿勢を崩しておらず，市長・議会の対立は，市民を巻き込んだ長期戦が，濃厚になった。

　再選された竹原前市長は，公約した「市役所改革」の第1弾として，9年6月11日，市庁舎にある**市職員労働組合事務所の使用許可**を取り消し，1カ月以内の退去を通告した。この件については，10月22日，鹿児島地裁で，市側敗訴の判決がだされた。

　第2弾として，市役所内に張り出した各課の人件費総額を記した張り紙をはがした職員を，7月31日，**懲戒処分**にした。この処分をめぐって，鹿児島地裁・福岡高裁宮崎支部が，判決確定までの「処分の効力停止」を命じているが，竹原前市長は職場復帰だけでなく，給与・ボーナスの支払いを，拒否したままである。10年4月9日，鹿児島地裁で，処分違法の判決があった。

　第3弾は，**市長専決処分の乱発**である。10年6月18日，議員報酬を月払い制から，日当制（1日1万円）にする条例を，専決処分できめた。年355万円が，約40万円程度となる。固定資産税の標準税率を，1.4％から1.2％に変

更する条例も，専決処分で18日に決定している。さらに市議・職員のボーナス6割削減も，専決処分で断行している。

第4弾は，警察の裏金問題を，現役警察官で実名告発した，仙波敏郎を，専決処分で**副市長任命**している。同氏は「行政改革に取り組む市長の熱意に心を打たれたが，専決処分を繰り返すやり方には無理がある。私の役割は市民と職員の声を聞き，行政運営を健全化することだ。議会を招集するよう市長に働きかけたい」(10年10月10日，朝日鹿児島版)との談話を発表している。

なおこれら専決処分を繰りかえす間，議会はひらかれなかったが，10年8月25日，半年ぶりに開かれた。重要専決処分は，全部否決され，不承認で違法となったが，是正する有効な強制手段はなく，副市長は，辞職することなくそのままであった。

それは「長の専決処分が議会の承認を得られなかった場合においても，法律上処分の効力には影響はない」(昭和26年8月15日行政実例)と，されているからであるが，まさか竹原前市長のような，横暴な専決処分がなされることを，地方自治法は，想定していなかったのではないか。

このような閉塞状況を，打開するため，先ず反市長派が，市長解職リコールの住民投票をもとめる運動を10年8月に開始した。有権者の半数をこえる署名をあつめ，解職の是非を問う住民投票が12月5日行われた。賛成7,543票，反対7,145票で，リコールは成立したが，差は僅差であった。

このような違法行為を平然として，繰り返す竹原前市長に対する市民の支持率が，依然として高いことは，それだけ市民の高い議会報酬・公務員給与へ怨念ともいうべき，不満が蓄積されていることである。

しかし，市民の市政への不満があっても，竹原前市長の違法な行政決定が，容認されるはずがない。ただポピュリストの独善性・専制性から派生する，政治・行政ルールからの逸脱がみられても，社会的政治的制裁は，不可能である。

竹原前市長の専決処分をみると，やりたい放題であり，政府・府県だけでなく，司法すら抑制できない。専決処分で，副市長を任命し，違法であって

Ⅱ　ポピュリズムの虚像と実像

も，罷免する手段がない。戦前のように内務大臣・府県知事に市町村の首長・職員の罷免権を，付与しなければならないことになる。

　このような違法処分を，平然とやってける市長が，地方自治・民主主義に貢献するはずはなく，地方行財政施策においても，卓抜した実績を築くことは，期待できないであろう。

　なお阿久根市の財政状況をみると，竹原市長就任が 8 年 8 月であるので，予算は編成済みであり，行財政改革の効果は，9 年度（平成 21 年度）からである。

　一般会計歳入歳出規模をみると，規模は三位一体改革で，縮小を余儀なくされている。歳入をみると，所得税から個人住民税の税源移譲があったが，市税収入は減少している。結局，交付税など財源補填をしている。しかし，財政健全化策は，徹底しており，市債抑制・基金増加を実施している。

　歳出をみると，抑制方針であるが，民生費は高齢化事業などで増加し，農林費は地域活性化・経済危機対策臨時交付金を，活用した農地有効利用支援整備事業等で増加している。目立つのは，性質別支出の人件費削減で，平成 19・20 年度で，3.33 億円，11.3％の削減である。

表 2　鹿児島県阿久根市歳入歳出状況　　　　　（単位：百万円）

歳　　入	平成12	平成20	平成21	歳　　出	平成12	平成20	平成21
市　税	1,835	2,028	1,931	議　会　費	157	119	115
市民税	674	793	730	総　務　費	2,529	2,197	2,253
固定資産税	927	1,011	979	民　生　費	2,700	2,197	2,253
その他	234	224	222	衛　生　費	614	591	609
地方譲与税	577	452	433	農林水産費	1,092	591	748
地方交付税	5,399	4,263	4,357	商工労働費	290	488	216
国庫支出金	997	1,361	1,266	土　木　費	1,280	649	6780
県支出金	810	678	712	消　防　費	358	369	308
繰入金	312	582	243	教　育　費	1,049	610	726
市　債	1,160	562	615	災害復旧費	240	610	726
諸収入ほか	1,341	994	1,167	公　債　費	1,920	1,576	1,413
計	12,431	10,920	10,724	計	12,229	10,424	10,403

出典　阿久根市『財政の姿』

表3　鹿児島県阿久根市性質別歳出等財政状況　　（単位：百万円）

区　分	平成12	平成20	平成21	区　分	平成12	平成20	平成21
人件費	2,728	2,157	1,824	一般財源	8,746	8,235	8,339
扶助費	1,262	1,735	1,775	特定財源	3,685	2,685	2,385
公債費	1,920	1,576	1,413	自主財源	3,488	3,604	3,341
投資的経費	2,453	1,006	1,461	依存財源	8,843	7,316	7,383
物件費	873	834	884	交付税合計	5,399	4,495	4,717
補助費等	854	1,163	1,156	普通交付税	4,456	3,545	3,624
繰出金	939	1,118	1,156	臨時財政対策債	0	232	360
その他	1,200	835	1,053	特別交付税	943	718	733
計	12,229	10,424	10,403				

出典　阿久根市『財政の姿』

　このような削減方針で，財政指標の改善はすすんでいる。経常収支比率・公債比率は好転し，基金増加（現在高は財政調整基金13.76億円，減債基金785億円，その他特定目的基金12.35億円）・市債残高減少がみられる。

　ポピュリストとしては，名古屋市・大阪府の財政改善が，進んでいないなかで，阿久根市では徹底した減量経営で，短期に実績をあげている。ただ減量化そのものが，目的とされ，減量化でどうするのかは，明確なビジョンはない。どこまで減量化をすすめるのか，注目されるところである。

表4　鹿児島県阿久根市財政状況　　（単位：百万円）

区　分	平成12	平成20	平成21	区　分	平成12	平成20	平成21
実質収支	194	418	273	経常収支比率	93.9	96.0	90.4
財政力指数	0.297	0.369	0.359	公債費比率	19.0	13.4	11.9
市債残高	13,259	11,231	10,626	起債制限比率	13.7	12.4	11.3
基金残高	2,888	2,763	3,396	実質公債比率	―	15.0	13.6

出典　阿久根市『財政の姿』

　リコール再選後，専決処分で給与・人事・予算を，強引にすすめてきた，竹原前市長は，11年1月16日，二度目の市長選挙で，遂に敗北を喫した。しかし，当選した西平良将8,509票，竹原信一7,645票と僅差であった。

Ⅱ　ポピュリズムの虚像と実像

　敗北の原因は，阿久根市民は，「対立」より「対話」を選んだと報道されているが，専決処分の乱用が，大きく影響しているであろう。目的は正当性があっても，「やり方」が間違っていれば，その政治行為は，市民的合意をえられない。
　しかし，強引な政治がなければ，阿久根市の改革も，すすまなかったことも事実であり，「やり方」が正しくても，目的が達成されなければ，市民的合意をえられない。11年2月には議会解散の賛否を問う住民投票があり，政治状況は流動的であり，新政権が，市政改革を対話路線で実績をあげられなければ，再び混乱の政治的渦中に巻き込まれるであろう。
　阿久根市では，1月31日，市議会解散の賛否を問う住民投票が告示された。2月20日投票で，賛成が過半数であれば，即日解散し，4月に出直し市議選となる。泥沼の政治紛争が，長期化する恐れも少なくない。

2　典型的河村ポピュリズム

　河村たかし名古屋市長は，典型的ポピュリストといえる。国会議員時代は，「永田町のドンキホーテ」と呼ばれていた。1993年，日本新党から衆議院議員に初当選し，民主党議員として6度も，党代表選に挑み，失敗している。
　しかし，09年4月，名古屋市長選で，「市民税10％減税」を，かかげて圧勝した。この点，橋下知事とは異なり，当初からポピュリズム的施策をかかげており，その意味では，生粋のポピュリストといえる。
　市民税減税は，どうみても政策的にはナンセンスであり，政治的には「人気取りの無責任な政策」であるが，世論調査では，70％台の高支持率を確保している。ポピュリズムの理解しがたい要素である。
　第1に，市議会は，河村市長の公約実現を阻止した，**抵抗勢力として烙印**を，捺される羽目になっている。一方，河村市長は，約70のマニフェストをかかげるが，実現したのは約1割程度である。
　「市民税減税10％」（実施1年限り），「地域委員会の創設」（8モデル地区の実施），「議員定数1割削減」（削減ゼロ），「市長給与の減額」（年収800万円），「年10万円の子育てバウチャー」（未実施），「中学生まで通院無料化」（未実施）などである（10年4月24日，朝日）。要するに市長・議会の対立が，次第に鮮明化していった。
　しかし，減税をしながら，市民サービスを引き上げる，マニフェストでは，財政がもたないことは明らかで，議会が反対するのは当然である。この議会の抵抗を，減税反対にすりかえて，議会解散に追い詰める，リコールを成立させ，議会との政治対決として，トリプル選挙に持ち込む戦術は，まことに巧妙といえる。
　第2に，**河村市長への市民評価は，極めて高い**。議会が恒久減税案を否決し，市長が議会リコールをうちだし，対立が激化しつつあった，当選後1年

余のアンケート（10年8月28・29日実施，朝日）では，河村市長の支持率70％，不支持率16％に過ぎない。支持の理由は，政策47，政治手法16，人柄31で，不支持の理由は，政策17，政治手法43，人柄27である。

　減税の1年かぎりとする議会の議決について，「評価する」27，「評価しない」59で，恒久減税への市民願望は強い。「議員報酬半減」については，賛成71，反対17である。

　議会解散の署名運動については，「評価する」65，「評価しない」26である。地域政党「減税日本」が，過半数を占めたほうがよいかどうかでは，「占めた方がよい」42，「占めない方がよい」33である。

　アンケートによる市民の政党支持をみると，民主党30，自民党13，公明3，社民1，みんなの党4であるが，支持政党なし41，不明7と，約半数が政党支持なしである。昨春の市長選で，河村市長投票52，ほかの候補17，無投票27である。無党派層を，全部吸収していることになる。

　第3に，**河村市長の政治家としての評価**は，市民「通信簿」（10年10月10日，朝日）でみると，5点満点で，「政策力」3.6，「実行力」3.6，「柔軟性」2.8，「パフォーマンス度」4.4である。

　当然，「パフォーマンス度」が高く，「柔軟性」が低いが，「政策力」「実行力」も，一応，合格点であり，具体的実績でなく，期待感が反映されているといえる。全体としての行財政運営でなく，河村市長のかかげた，施策のみが，市民の評価対象となったのではないか。

　河村市長の考えは，現在の政治・行政に対する，市民感情から発露された私憤であり，それゆえに絶大な市民の賛同を，勝ち取っている。しかし，政治家は，この"私憤を公憤に"転換させ，実現させる方策・力量が，問われるのである。

　第1の特徴は，**奇抜な言動と市民感覚への迎合**である。河村市長の政治姿勢は，基本的には市民の目線・感覚で，政治・行政問題を改革すべきという理念である。

　ただ直感的であり，減税至上主義であり，単細胞的発想で，名古屋市政を

運営している。この減税一辺倒という，改革図式は，市民に喝采と賛同を呼び込む，強烈なテーゼと化しているが，市長としては私憤を，政策的公憤に質的転換させる冷静な政策センスが不可欠である。

　河村市長は，「日本社会の最大の問題点は，税金を払う側の国民はどえらい苦労しとるのに，税金で食っとる側の議員や公務員は極楽という，一種の八百長社会だというところにあるだがね。議員や公務員はパブリック・サーバントと言うけれども，これではどっちがサーバント（しもべ）かわかりゃせん」（河村たかし『名古屋から改革を起こす』29頁，09年10月，飛鳥新社，以下，河村・前掲書）と，憤慨している。

　「改革といえば税金を下げること以外にはないということになるがね」（同前11頁）と，減税至上主義であり，すべての政治・行政改革も，減税へと収斂させ，短絡に実行に移そうとする。このような減税が，市会・公務員批判と共鳴して，政策的支持をうける事態は，ポピュリズムの特有の状況である。

　第2の特徴は，**減税施策への固執**である。河村市長は，減税こそ確固たる信念をもっているが，地方制度といった大きなテーマについては，周囲の環境をみて，自己主張を変える，ご都合主義といえる。

　河村名古屋市長の減税政策は，一貫しているが，政策的にはきわめて疑問の多い施策である。河村市長の持論は，「税金の無駄遣いをなくす，あるいは無駄遣いをなくせとはしきりに言うけれども，その結果どうなるのですか，無駄を省いて余った金が，役所の他の部署にまわされていくだけでしょう」（同前7頁）と，指摘している。

　しかも「ジャーナリズムも，政権交代や脱官僚などという言葉を飾って記事を作っておらずに，減税こそ必要な政策だということをどんどん指摘していくようにならなければいかん」（同前8頁）と，批判を展開している。

　しかし，減税がそれほど卓抜した政策かである。第1に，**定率減税は，高所得者層に有利**である。行政サービスが伸び悩むことは，低所得者層に不利である。河村市長「そこは私も非常に悩んだ。法律が変わって単一税率にわざわざした。民主党は反対したので僕も逆累進にしようとしたけど，ルール

は守らざるをえない」(10年12月21日，朝日) と，残念がっている。

　第2に，**減税の補填財源**を，減量化でみいだすことは困難である。一般会計・外郭団体の人件費で250億円を調達することができ，ネットワーク河村市長代表の鈴木望は「減税で入りが減れば，職員にそれにあわせて行財政改革をやる意欲がでる。減税を政策として使うことは非常に有効だ」(同前朝日)と，減税効果を強調している。

　しかし，名古屋市は，使用料・負担金など，減税分を市民に転嫁しており，実質的な負担軽減になっておらず，まやかしの施策といえる。

　第3に，**減税方式**による**減量化**が，唯一の手段とみなすのは，首長の自己管理能力の欠如を意味することになる。河村市長は「減税しない限り，本格的な行政改革はできない。商売でも売る値が下がるから必死になって働く」(同前朝日) と，減税による減量化を評価している。

　しかし，減税という兵糧攻めに訴えなくとも，事務事業評価システムの適用，行財政計画の策定，情報公開による市民統制強化など，さまざまの方式がある。

　保育所増設・学校給食無料化・障害者基金設立などの財源支出の補填財源として，減量化を実施すれば，減税効果の数倍の行政効果を，うみだすことができる。

　政策の貧困と政治的欲望が，このような単純施策となり，全体的な政策では，インパクトがなく，しかもむずかしい施策である。減税案のほうが，より市民の賛同をえているのが，地方政治の厄介な実態である。

　第4に，減税で**名古屋市への企業・住民誘致**が目的というが，朝日新聞論説委員坪井ゆづるは「名古屋は金持ち。豊かなところが減税すると苦しいところはもっと苦しくなるという視点は必要だ」(同前) といわれている。

　かつて美濃部知事が，法人事業税・都民税の超過課税に踏み切った。東京一極集中を是正する政策であったが，それでも地方からは，交付税財源が，減少するとの苦情があった。

　第5に，**低所得者層の減税収支は赤字**である。減税分より多い健康保健料

の値上げがあり，家計のトータル収支は，実際はマイナスともいえる。名古屋市試算の所得税段階別の減税額は，年収300万円（減税1,400円），500万円（減税9,500円），700万円（減税1万8,100円），1000万円（減税3万2,900円），年金所得者（夫婦世帯）年収250万円（減税3,400円）となり，高所得者層ほど恩恵は大きい。

第6に，**財政運営政策の拙劣性**である。では，もし250億円の減税財源で，保育所サービスを拡大すれば，民間方式では持ち出しもないので，3分の2補助を算入すると750億円の行政サービスができる。

交付団体であれば，保育所費の基準財政需要額に，新規財政需要として追加算入されるので，自治体負担はさらに小さくなる。財政運営からみれば，減税方式は，きわめて拙劣な選択である。

第7に，**減税と名古屋市財政**をみると，河村市長が，市議会との政治紛争に没頭し，市税減税を実施している間に，名古屋市財政収支は，次第に悪化している。

一般会計ベースで09・10年の歳入をみると，市税は5,000億円から4,769億円へと231億円の減少で，うち減税分は161億円である。通常収支不足額321億円の合計482億円の収支不足である。

この補填対策は，減量化の行財政改革で185億円，職員給与改定66億円，財源対策231億円（財源対策債増加80億円，行政改革推進債発行50億円，財源調整基金取崩し30億円，未利用土地売却71億円）である。

しかし，行財政改革のなかには，使用料手数料・負担金などが，軒並み値上げされている。国民健康保険料・後期高齢者医療保健料・分娩介助料・がん検診自己負担金・水道料金・バス地下鉄定期代・科学館観覧料・総合体育館使用料などである。

名古屋市の財政状況は，トヨタなどの自動車産業による税収が，過大評価され，良好であるとの先入観があるが，交付税額の調整措置などで，予想されるより悪い。

財政指標で，08・09年度をみると，公債依存度は10.8から11.1へ，市債

Ⅱ　ポピュリズムの虚像と実像

発行額は，1,053億円から1,147億円へ増加しているが，残高は1兆7,324億円から1兆7,241億円とわずかであるが減少している。

　基金残高（普通会計・09年度末）は，272億円であり，指定都市で最後から5番目で，大阪市1,138億円，仙台市878億円，神戸市565億円，札幌市435億円，北九州市416億円より少ないだけでなく，堺市の349億円より低く，財政規模比較では，実質的にきわめて悪いことになる。

　人件費は1,855億円から1,798億円と，3.4％の減少に止まっている。河村市長がいうほど，人件費削減は容易でなく，また極端な削減はすべきでない。経常収支比率も，96.8から98.1へ上昇している。

　結局，減税の財源補填のため，基金取崩・財源対策債増加・使用料引上などの実施を余儀なくされている。かつて高度成長期，地域開発のため無理な投資をしたため，その後遺症に喘いでいるが，ポピュリストの大衆迎合型減税のため，名古屋市財政は，次第に財政基盤を蝕まれ，その補填のため市民サービスの削減・負担増という，ツケを払わされることは確実である。

　第3の特徴は，**議会改革**である。河村市長は，その最大の敵対勢力としたのが，地方議会である。河村市長の議会改革論をみてみる。

　第1に，**議員の職業化・世襲化**への不満である。「日本の議員の場合は10年でも20年でも平気でその地位にしがみつき，国民が払った税金から多額の報酬を受け取り続け，さらには議員を辞した後にも『議員年金』という高額な保障まで受けられる仕組みになっとる。こうなると，立派な職業として定着してしまう」（河村前掲書41頁）のである。

　さらにこの地位が世襲される。「これはもう一族が何代にもわったて税金で飯を食うていくことを意味するだけで，異常というしかない」（同前42頁）と，憤慨している。市民派議員がすくない現状は，既成政党は，反論するだけの決め手を欠いている。

　第2に，**議員報酬の高給化**への不満である。名古屋市では，月額報酬99万円，期末手当があり，年収1,668万円になる。さらに月額50万円の政務調査費があり，出席手当などがある。間接的コストをくわえると，1人当り2,500

万円にはなる。しかも実働日数年間75日前後である。

　しかし，議員サイドからの有効な反論はない。議員は中小企業経営者のようなものなので，報酬がすべて給与となるわけでない。アルバイトを雇用し，地域活動を展開している，熱心な議員もいるが，あるべき議員像が提示されないまま，高い報酬が槍玉にあげられ，ポピュリストから袋だたきにあっている状況にある。

　第3に，**議員のボランティア化**である。議会改革について，河村市長は，「議員報酬と定数は半減」については，さきにみたように高すぎる報酬を，800万円程度して，議員数も半分で十分との持論である（10年3月7日，朝日参照）。

　河村市長は，議員報酬が減額されても，寄付金でやれば，活動ができる。「ボランティア議員が定着すれば，市民のためになる政策を打ち出して実行する議員には多くの寄付金が集まるようになる。反対に不祥事やスキャンダルを起こした議員には寄付金が集まらなくなるので，悪い議員は淘汰されることになるがよ」（河村前掲書64頁）と，ボランティア議員の利点を強調している。

　第4に，**低報酬と議員の質**については，「『報酬が低いと，金持ちしか議員になれなくなる』という反論があるが，まったく逆ですわ。議員はボランティア，職業化しないことが原点だ。税金で身分保障されると，長く続けることが目的になり腐敗する」（同前64頁）と反論している。

　また「プロ議員と行政監視」については，「プロって，何ですか。ボランティア議会の方が，本当の意味のプロが大量に出てくる可能性がある。………衛生に詳しい主婦とか………環境問題やってきた退職者とか」（同前）など，即戦力の人材があつまる。

　これら議員論は，たしかに卓見であり，議会改革，報酬・議員数削減は，不回避である。いつまでにどこまで削減するかの，選択だけの問題である。全体として議会改革ビジョンをもたなければ，単なる選挙目当ての，政治戦術とみなされるだろう。

Ⅱ　ポピュリズムの虚像と実像

　ポピュリストの議会対策，たとえば個別攻撃のターゲットとなった，報酬などは改善すべき余地はある。しかし，相手をたたくだけでは，議会改革はすすまないし，ポピュリストによる改革では，討議なき議会と化し，より大きな無駄と被害が，市民にもたらされる恐れがある。

　しかも河村市長などは，地方制度の二元代表制を，潰しにかかっており，一元主義で首長が，本格的ポピュリスト化すれば，地方自治は絶望的な破滅の途を，転がり落ちる悲劇に見舞われるだろう。

　第4の特徴は，**短絡的な発想・ビジョン**である。河村市長は，地方分権を唱えているが，理念的には理解できても，全体像・具体的改革方向が，つかみかねる。それは感情論が先行して，具体案が形成されていないためである。

　地方分権について，橋下・東国原知事の分権について，「知事ともなれば，市町村に対してかなりの権限をもっているはずだけれども，はたしてどれほどの権限を『分権』しているのだろうか。ワシが知っとるかぎりでは橋下氏は多少なりとも分権を行ったようでええけれども，国に対して金をよこせ，権限をよこせと言うばっかりで自分とこの市町村に圧制をくらしとったらさ，地方分権だなどとは言えやせんじゃないですか」(同前15頁)と，府県知事の対応を批判している。

　第1に，地方制度についてみると，府県集権主義を非難しており，名古屋市をつぶすことには反対を表明していた。橋下知事は，大阪都構想と中京都構想は全くことなると嘆いたが，一夜にして愛知県・名古屋市で司令塔を作るとの，修正案を作成し，2都連合を成立させている。大阪都構想と中京都構想は，まったくことなる構想であり，河村市長のオポチュニストぶりは，いささか政治家としての節度が，なさすぎるといえる。

　第2に，地方行財政問題について，改革・改善の方策は，余りにも単純で，実際の改革には活用できない代物である。名古屋市の財政危機について，「名古屋市の財政が危機的状況だなんて大ウソですよ。端的に言えば，危機的な財政状況にあるならば，どうして公務員の給料がこんだけええんですか」(同前27頁)と，槍玉にあげている。

行政改革について「結局，いくら無駄をなくすというて努力しても，減税しなかったら役所の中を金が動き回るだけでなくなるわけではないでしょう。………この国では減税しない限り無駄遣いはなくならない。このことに気がつくまで，ワシは長い間騙されとったようなもんだで」（同前21頁）と，持論を展開している。

　たしかに財政危機は，給与だけみれば，財政危機とはいえないが，巨額の市債残高をもっており，マクロでみれば，財政危機である。すなわち財政改善の余地はあるが，財政実態は危機的状況にあることは否定できない。

　体質改善もふくめて，どう財政改革をやるかであるが，ただ特定の現象だけを取り上げ，批判するだけでは，市民うけはするが，生活保護・健康保険・保育所行政などの財源はどうするのか，本来の財政改革は，すすまないであろう。

　第3に，自治体経営について河村市長は，北海道夕張市の状況について，「新規職員採用凍結や，早期退職勧告が行われ，多くの職員が職場を後にした。しかしワシが思うには，夕張は倒産したのでなく破綻しただけであり，市長をはじめ職員が路頭に迷ったり，首をつったりするような事態が起きたわけではないことに気づかいかんと思うがね。………ワシから見れば，夕張の破綻など，住民の苦労と比べりゃ国と銀行による単なる税金芝居をしているようなしかみえない」（同前34頁）と，公務員について冷酷ともいえる，反応を示している。

　たしかに雇用が維持されているから，公務員は恵まれているが，ラスパイレス指数68は，国家公務員とに比較では，3割カットである。

　人件費の問題も，さることながら，夕張市がそこまで苦難の再建を強いられている現状は，破綻の原因・再建の実態などをみると，政府・道庁・金融機関の責任こそ追求されるべきである。この点からみても，河村市長の地方行政の見方は，問題の核心をはずれ，皮相的であり，私憤的な指摘に止まっている。

　第5の特徴として，**河村市長のオポチュニスト的対応**である。大阪都・中

Ⅱ　ポピュリズムの虚像と実像

京都の 2 都連合構想への経過をみるとよくわかる。橋下知事にとって，河村市長との連携は，不可欠である。10 年 12 月 6 日，当初，河村市長は，名古屋市をばらばらに解体する，大阪都構想とはちがうと言明していた。

また橋下知事も，「愛知県と名古屋市が併存する可能性も残る『中京都』に対し，『まるきし違う』と批判し，『司令塔は 1 人にすると明言しなかった』と不満をもらしていた」(10 年 12 月 7 日，朝日新聞) が，翌 7 日には，「中京都の司令塔は一つだ」との明言を得て，8 日には橋下知事は「中京都構想と大阪都構想は全く一緒だ」(10 年 12 月 10 日，朝日) として，連携を両者が宣言している。

要するに橋下知事・河村市長の政治的連携による，相乗効果を創出することにあった。「二転三転の末，生煮えであっても目をつむって連携に走るのは，知名度の高い橋下・河村両氏の『名阪連合』効果」(同前朝日) が，大きいからである。

しかし，「司令塔が一つ」で，都制というには，如何に選挙目的とはいえ，市民を騙すに等しいこじ付けである。しかも「司令塔が一つ」ということは，司令官は愛知県知事であり，名古屋市長は，その補佐に過ぎない。

指定都市市長会でも，平松大阪市長が，河村名古屋市長に名古屋市を解体するつもりかと詰問したが，河村市長は分割の意図はないと抗弁し，論争になった。しかし，河村市長の意図に関係なく，中京都構想は走りだし，都制ムードは高揚しつつある。

きたるべき統一地方選挙の結果に関係なく，都制が指定都市への対抗策として，流布されると，全国知事会の地方制度への要望事項となり，関係府県で指定都市の見直しが始まる。

手始めに大阪・名古屋市の解体となり，ついで旧 5 大都市の消滅となっていく，危惧が予測される。このような点を考慮すると，河村市長の中京都構想への同調は，軽率な政治判断であり，府県サイドの市町村支配を，甘く見過ぎているのではないか。

河村市長は，私憤的な感性だけで行動しており，政治家として，その行動・

政策には疑問符がつくが，11年2月6日の選挙では，圧勝している。それは「市議会側は減税は1年限りとし，報酬半減にも消極的で『庶民改革 VS 保身議会』との河村氏の訴えが，有権者をとらえた」（11年2月7日，朝日）といわれている。市民の不満が，河村支持へ大きな奔流となってうごいたからである。

　一方，市民税減税は，負担軽減・行政改革へのインパクトというプラス効果のみが評価され，使用料・手数料という負担転嫁，名古屋市財政の悪化という，マイナス効果が，顕在化するには，数年がかかるので，政策選択のミスは，選挙に影響しなかった。

　河村市長の圧勝は，ポピュリズム政治そのものであった。議会改革という，シングル・イッシュが，ポピュリズムの選挙戦術が，功を奏したのである。政治を変革するといっても，何をどう変革するのか，いずれ減税か保育所かという，厳しい二者択一を迫られるであろう。

　ただ大阪都構想には，追い風となることはたしかであり，3月15日の名古屋市出直し選挙で，河村氏の「減税日本」が，過半数を獲得するようだと，大阪府・市の地方議会選挙も，既成政党は，劣勢を余儀なくされるであろう。

　この結果をどう受け止めるか。第1に，地方議会改革に先手をうつ，自己犠牲をいとわない，議員報酬半減が，不可欠である。落選して無報酬となるよりましである。要するに議会改革の全貌を提示し，ポピュリズムのシングル・イッシュの芽をたたなれば，勝ち目はない。

　第2に，既成政党の選挙戦術では，庶民改革の猛威には対抗できない。かつて革新自治体がかかげた，福祉・環境・医療など，無縁社会・失業社会などの生活苦・不安を排除する政策を，地方からかかげる，新鮮な政策ビジョンをうちだすことである。要するに民意をどれだけ，吸い上げられるかである。

　第3に，かつて革新自治体は，破竹の勢いで，都市部の自治体を制覇していったが，農村部の自治体では，保守層の壁に阻まれた。革新自治体は，高度成長期の好景気にささえられ，ひたすら福祉拡大路線を走っていったが，

政権10年余で，不景気による財政悪化で，財政的に行き詰まり，凋落していった。

　ポピュリズムは，今後，政策的経営的に，いかにその能力を，発揮できるか，その真価が問われるであろう。大阪都構想にしても，具体化するにつれて，問題は深刻化していくはずである。

　要するに長期的には，政策水準が，政治的結果を大きく左右するが，ポピュリズム的戦略に有権者が，いつまでも幻惑され，安易な選択をつづけるようでは，地方自治の破滅であり，市民生活の破綻という，悲劇に見舞われるであろう。

3　強権的橋下ポピュリズム

　橋下知事は，竹原前市長・河村市長より，より完成度の高いポピュリストである。大阪の公立進学校・府立北野高校から，早稲田大学政治経済学部に入学し，司法試験に合格し，弁護士になり，98年4月から営業をはじめている。しかし，橋下知事を有名にしたのは，弁護士ではなく，テレビタレントとしての活躍であった。

　そして府知事に担ぎだした，仕掛け人の1人が，元経企庁長官の堺屋太一氏であった。「大阪は，万国博覧会からずっと長期低落傾向にありますが，21世紀になってから衰退が著しい。抜本的な改革をしなければなりません。ところが，様々なしがらみがあって，それができないのが現状です」（読売新聞大阪本社社会部編著『徹底検証「橋下主義」』14頁）と，橋下知事擁立の理由が，大阪経済の復興であると強調している。

　この堺屋氏の言葉は，きわめて暗示的であり，その後，大阪経済の復興が，橋下知事にはいわば強迫観念のように，その政策に大きな影響を及ぼしている。大阪府・市の一体化，大阪都構想，さらに最近は，東京・中京・大阪都という3都構想による，日本経済再生という，壮大なビジョンに変貌していった。

　堺屋太一氏が，大阪府知事候補として，橋下知事に白矢を立てた理由として，橋下知事は，「しがらみがなく，スピード感をもって仕事ができる。そして，大阪を愛している。あなたほどの適任者はいません」（同前15頁）という，素質を見込んだからである。

　この3条件は，その後の橋下知事の動向をみると，きわめて示唆的であった。第1に，しがらみがないから，推薦した自民党を既成政党として批判し，「大阪維新の会」では，選挙戦で激突することになった。

　第2に，**スピード感**をもって，大阪府財政再建を，ハードランディングで

実施し，ソフトランディグにくらべ，多くの犠牲を，府民に強いることになった。

第3に，**大阪を愛する気持ち**が高じて，大阪市との全面抗争に突入した。即効的効果を求めて，橋下知事中心の橋下王国を，急ぐことになった。さらに労組・議会・市町を，強権的に圧迫し，その多くを支配下におさめつつある。任期1期でこれだけの政治勢力をつくりあげたスピードはあるが，拙速に過ぎるといえる。

しかし，「大阪維新の会」が提唱するように，「大阪から日本を変える」ことができるのか，なによりも橋下知事の政策的貧困性と，政治家としての高支持率とのギャップが，余りにも大き過ぎる。

橋下ポピュリズムの特徴は，第1に，危機感の演出。第2に，敵対勢力の創出。第3に，リーダーシップの発揮。第4に，改革への期待感。第5に，政治ムード，ワンフレーズ・スローガンなど，ポピュリストのすべての要素をそなえている。

橋下知事は，行動力・実行力があるため，なおさら政治行動の方向・財政運営の方針が，間違えば，大阪経済をさらなる，沈滞へと追い込む。その言動から政治家・自治体経営者としての素質をみてみる。

第1に，**行政マンとしての言動の軽卒さ**である。橋下は府知事以前から，テレビタレントとして，抜群の人気を博していた。ポピュリストとして，不可欠な素質・才能である，自己演出の才能をもっている。テンポのよい語り口，回転のはやい対応，魅力的キャッチフレーズの発信などである。しかし，人気が才能・思想の卓抜性を，必ずしも意味しない。

ポピュリストとの行為は，しばしば違法・脱法的行為をも辞さない。その言葉は，賛同者を褒めちぎり，賛美し，崇拝し，激励する。一方，敵対者に対しては，罵倒をあびせ，恫喝し，強権をちらつかせる。そしてしばしば前言をひるがえし，相手に謝罪し，変幻自在に変化する。

広島県知事の育児休暇問題では，一般市民が育児休暇を取れる環境ができてから，知事は休暇をとるべきであると非難した。しかし，その後，全国知

事会で，広島県知事に前言を翻して謝罪している。

この問題は，政治家として安易な変節ぶりを露呈しただけでなく，行政指導者として，政策感覚の欠落を示している。まず育児休暇をとれるように，橋下知事が，大阪府庁の実態調査をし，非常勤職員をふくめて，育児休暇をとれる環境整備の自己努力をすべきである。

政治家として府知事は，国会議員などとことなり，行政家として権力をもち，あらゆる課題を改善する，権限・財源をもっている。

前言を翻すことなく，大阪府庁の育児休暇環境をととのえ，全国に行政実績の先例を示すべきである。問題発言で，自己ピーアールだけして，あとは知らないでは済まされない。知事の発言には，政治的だけでなく，行財政的責任もともなうことを，自戒すべきである。

大阪駅北ヤード開発では，従来の暗黙の同意を，突如，翻して，サッカースタジアム建設から，公園整備へと方針変更を提唱している。しかし，公園整備に橋下知事が，固執するのであれば，大阪府も財源負担することになるが，大阪市が，関西電力株（時価約1,700億円）で，建設すればよいと意見表明している。他人の懐をのぞきこむようなことはするべきでない。

もともと関西電力株といっても，すでに基金に組み込まれており，災害などの緊急事態に対応すべき財源であり，公共投資などに安易に崩す財源ではない。まして他の自治体の首長がとやかく言うのは，いらざるお節介である。

本来，公園構想がふさわしいにしても，道路建設などと違い国庫補助金は，一般的にはのぞめない。橋下知事が，広域行政にふさわしい，計画整備事業として，全額負担して建設するなら，大阪市は大歓迎である。大阪市内に大阪府が，公共投資をしてはならない規則はない。

第2に，政治家としての**権力志向性**が，きわめて旺盛である。どこの府県知事でも，権力志向性を内蔵しているが，その権力的体質を，外部に露出することは，極力ひかえるのが普通である。

しかし，橋下知事の場合，自分の考え，やりたいことを邪魔されると，あらゆる手段を駆使しても，排除していこうとする。府知事としての権限は，

一般に考えられているよりはるかに,強大で強烈な武器となる。

　しかし,橋下知事の言動には,この権限を背景にして,詐術の構想・提言,威圧的な手法がみられ,強権的ポピュリストへの傾斜を深めている。「クソ教育委員会」「ダメ大阪市」といった過激なフレーズで,敵対者を攻撃し,自己の権限をさらにアピールする。

　「平松市長は既成政党とともに敵に回った」「市役所の利権を守る前に,市民の利益を守れ」(10年11月28日,朝日)などと,大阪市民の大阪市への不満を,ことさらに煽り立てている。

　地域政党「大阪維新の会」を立ち上げ,府議会だけでなく,府下市議会での「大阪維新の会」の過半数をねらう。さらに首長選挙にも,橋下派を擁立し,反対市長を駆逐する戦略である。

　一般的に知事といっても,自己の府県会の多数派工作はするが,傘下の市町村長・議会まで,知事派で占めるという政治的野心はないが,橋下知事の政治支配欲は,とどまるところを知らない。

　第3に,**橋下知事の行財政手法**は,複雑な問題についても,一点突破的な強権的措置で解決できると,思い込んでいることである。卑近な事例は,大阪都構想であり,大阪都が誕生すれば,大阪経済・大阪府財政再建・市民参加すべてが,一挙に達成される,バラ色のビジョンである。

　しかし,常識的にみて,苦しみの始まりであり,破滅の一歩であるという,洞察力は欠如している。

　第4に,橋下知事は,ポピュリストとしての要素をすべてもっている。凡庸ではないが,卓抜した政策,冴えた才覚がみられない。むしろ目立つのは,橋下知事の言動の奇抜さであり,政治家として,**対応の威圧性・陰湿性**である。

　府立國際児童文学館の移転縮小問題にからんで,橋下知事の私設知事が,ビデオカメラで隠し撮りしていたことは,強権的政治の裏側で,恐怖政治の兆しがみえる,由々しき事態といえる。現に疑心暗鬼から職員による,盗聴事件まで発生している。しかし,橋下知事本人は,なんら罪悪感を,もちあ

わせていない。

　第5に、最大の弱点である**政策の貧困性**については、「政策構想のあいまいな部分は、『敵』への明快な攻撃によってカバーできる」(村上弘「『大阪都』の基礎研究」『立命館法学』2010年3号203頁、以下、村上・前掲書)のである。そして府県集権主義は、特別区への権限・財源委譲で誤魔化し、独裁的手法も、すなわち一元主義も、経済振興とか、貧困からの脱却といた、より市民の切実な要求への手段として、正当化している。

　橋下知事の攻撃型ポピュリズムは、「政策への評価は低くとも、高い支持を集めることができる」(村上・前掲書304頁)といわれている。要するに政策より、期待感・心情的といった要素で、支持率が大きくなるのである。

　もっとも地方行政マンとしての能力・実績は、まだ1期目であり、マスコミで騒がれほど大きくはない。たしかに行動力はあり、実行力もあるが、政策それ自体が、問題である。

　第1の事例として、地方制度改革をみても、その政策対応は、疑問視される対応が多すぎる。

　第1に、**道州制と大阪都構想**である。はやばやと大阪ＷＴＣを買い上げ府庁の一部を移転させたが、将来の関西州をみすえた措置である。「大阪府の発展的解消も辞さない」(07年7月臨時府議会所信表明)と、大阪府解体を宣言している。

　道州制では、「やっぱり麻生(太郎)総理のリーダシップはすごい」と、新聞記事をみて、最大級の賛辞を送っている。もはや崩壊寸前の内閣に、そこまでの秋波をおくっても、意味はないと思うが。府知事として道州制を夢みるのは勝手であるが、現在では海のものとも、山ののもともわからないのであり、今すこし道州制論争の推移を、見守る慎重さが必要であろう。

　第2に、大阪都構想の目玉は、**大阪市解体**で、「大阪維新の会」の街頭演説で、「大阪市役所と大阪府庁を一緒にぶっ壊し、新しい役所をつくる。これが我々の大阪都構想の目標なんです」(10年11月28日、朝日)と訴えている。

　これはレトリックであって、制度的にも大阪府・市の発展的解消はありえ

ず，大阪府の大阪市吸収しかないが，この点は意図的に隠している。橋下知事の政策は，すべて制度・財源などの綿密な精査はなく，ビジョンだけで，人心を掌握する，ポピュリストの常套手段を，最大限活用している。

大阪市解体は，大阪市にとっては暴挙であるが，大阪経済復興，「One 大阪」，一元主義，広域行政，特別区，市民参加など，強引な論理で，改革を正当化しようとしているが，このような無理に無理をかさねた改革は，かりに実現しても，円滑に施行されるはずがない。

第3に，**広域行政**では，橋下知事は関西広域連合を立ち上げた，力量はたしかに非凡なものがみられるが，奈良県知事は参加に反対である。その理由を推測すると，個々の自治体の個性・独立性を尊重しない状況を警戒し，奈良県が関西州の吸収されることを，危惧しているからではなかろうか。

関西州を創設するならば，道州制のもとで大阪府・市は，大きな変革に見舞われるのであり，大阪都構想などは意味がない。にもかかわらずなぜ大阪市抹殺を目論むのか。大阪都構想は，制度論として，支離滅裂であり，単なる政治支配のための手段といえる。

第2の事例として，自治体経営，大阪府の行財政運営から，橋下知事の自治体経営者として，資質をみると，本人は企業再建のプロであることを誇示しているが，行政経営では，素人であることを露呈している。

第1に，自治体財政再建においては，**再建を短期・中期・長期の再建策を**，どう適用していくかである。北海道夕張市のように，財政再建団体に転落してしまえば，選択の余地はなくなる。

しかし，一般の自治体では，ハード・ランディングかソフト・ランディングかの選択肢はある。どの事務事業に短期削減方式を適用し，どの分野に中期削減方式を導入するかの裁量はある。

橋下知事は，就任早々から，ハード・ランディング方式を強引に遂行して，自治体経営者としては，コストカッターとの名声をきづいた。有名な言葉は，就任初日の幹部職員をまえにした「みなさん方は，破産会社の従業員である。民間会社であれば職員・給与の半減，ボーナスゼロは当たり前」という，威

圧的挨拶である。「破産会社」という，ワンフレーズを，巧みに駆使している。

　しかし，一方で財政運営では，当初，「府債は原則発行しない」と，言明していたが，そんな財政運営ができるはずがなく，自治体経営において，素人であることを認めることになった。本人は原則としてと弁解しているが，府税・交付税・府債は，三位一体として，地方財源を構成しており，「原則として府税は徴収しない」というのと，同じである。

　橋下知事は，企業再建のプロであることを誇示しているが，自治体経営は企業経営とは，本質的に異なる。事業ごとの収支均衡が，福祉・教育などでは通用しない。さらに自治体破産はない。普通は素人知事で，就任当初から，ハード・ランディングを，試みることはない。自信過剰のなせる業か，演出効果をねらった作為的行為か，いずれにせよ性急な性格といえる。

　第2に，人事施策では，**職員・教育への分限処分**をちらつかせ，「大阪を変えたいという意気込みのない職員には府庁を去っていただきたい」と，威嚇しているが，教員には知事の人事権はない。大阪を変えたいが，知事の方針には反対である職員に，府庁を退去させることは出来ないが，法律・規則はどうあれ，自分の政治力でどうにでもなるといった感じである。

　人事・給与問題では，ラスパイレス指数の引き下げ，外郭団体の整理という，減量経営ばかりが目立つが，他の自治体も多かれすくなかれ，導入している施策である。

　管理職給与は，固定性にして在任中の引き上げはないといった，奇抜なシステム採用を提唱している。年功序列主義への挑戦であり，官庁給与体系の積弊淘汰への意欲的取り組みであるが，自治体人事・給与問題への総合的施策ではない。

　同一年齢・同一賃金という給与体系を，打破していくには，民間企業と同様に，一般職と総合職という，2つの人事・給与体系が不可欠である。

　それも現在の職員には，適用できないので，新規採用のみとなり，新制度が定着するには，少なくとも30年という年月が必要である。即効的対応とし

Ⅱ　ポピュリズムの虚像と実像

ては，天下り官僚・官製ワーキングプアなど，歪められた自治体人事・給与・雇用システムに，果敢に挑戦すべきである。

　11年2月9日，就任3年をむかえて，各紙がその行政の総括を一斉に行ったが，「教育現場への競争主義の導入，高い目標を掲げた経済活性化策，コストカッターによる財政再建」（11年2月9日，朝日）などにまとめられている。

　第1に，財政再建については，3年間で給与など3,400億円削減と算出されているが，これまでは放漫財政であったので，削減効果は大きくでた。財政規模約3兆円では，年3.3％程度であり，どこの府県でも，この程度の成果はあげている。ただ10年度府税収が，当初より，1,000億円程度改善される見込みで，橋下流施策も積極的展開が予想される。

　第2に，教育における競争主義は，橋下知事の就任当初からの方針で，「クソ教育委員会」で，一躍，有名になったが，府知事の権限・財源をフルに活用して，展開されるであろう。

　公立高校進学校10校に2億円を支給するとか，私立高校への無償化拡大による競争促進，国際的英語テスト「TOEFL」受験促進費5億円などである。人事における成果主義と同様に，メリット・デメリットがあるが，強権主義者の橋下知事による導入は，過熱化の恐れがある。

　中校学校給食は，導入率が全国最低の7.7％であり，かさ上げは必要である。府教委要求の1.6倍，250億円の予算措置（初期費用1校2.1億円の半額補助）がなされる方針である。

　中学校給食について，橋下知事は，反対する首長に対立候補をたててでも，実施させる意向を表明しており，今後，市町村への政治的圧迫が，さらに強まるであろう。

　橋下知事は，府知事の権限・財源を背景にして，市町村分野に踏み込んでくる。このような実態からみて，広域自治体・基礎自治体という区分は意味がなく，広域行政は府が独占し，基礎生活行政も，府の支配下におく，府県支配の形成をめざすであろう。

第3に，経済振興については，ほとんどあとでみるように，成果はあがってない。むしろ経済振興と生活支援という，2大行政目標について，社会的弱者に対する措置が，ほとんど目立った施策がない。その施策実施の強権性とともに気になる点である。
　この点,｢異なる考えの首長らに向けた激しい批判には恐ろしさも感じる。問題の本筋から有権者の目をそらしてしまう」(11年2月9日，朝日)と，憂慮されている。ポピュリストは，華やかな恩恵的政治をふりまくが，たぶんに強権主義者であることが，危惧されるのである。

Ⅲ　ポピュリズムの政策検証

Ⅲ　ポピュリズムの政策検証

1　大阪・中京都構想の虚構性

　橋下ポピュリズムの政策的貧困性は，否定しがたいが，貧困性だけでなく，その政策が，基本的に誤っている。その最大なのが都構想である。制度をいじくれば，大阪経済が活性化し，市民参加もすすむという安易な発想である。
　大阪市を解体しなければ，大阪市の財政再建はできないという，論理も無茶な理屈で，その真意は，大阪都という無理難題を，大阪市にぶつけて，破滅に追い込み，橋下王国を築くという，政治的野望以外の何者でもない。
　当然，制度の主旨は，歪められ，欠陥は肥大化しつつある。最近の動きは，大阪都構想に，無理やり中京都構想をくっつけ，「平成の薩長同盟」(河村市長)と，意気軒昂である。将来的には東京都にも，自身の政治グループから，立候補者をたて，「東京，中京・大阪の3の『都』で日本を引っ張っていく」(橋下知事)と，3都連携構想をふくらませている。
　大阪都構想は，ここにきて3都連合という，壮大な改革ビジョンへと変貌していった。しかし，3都構想にしても，空虚なスローガンだけで，3都が連合して実際，どのような効果があるのか，市民は冷静に考えみるべきで，スローガンに幻惑され，右往左往するべきでない。
　第1に，3都構想で，日本をかえるというが，何をどうかえるのか，明示されていない。かつて革新自治体は，旧6大都市を制覇したが，都市政策の確立をもとめて，当時の自民党政権と，開発か生活かで政策論争を展開した。
　3都構想は，既成政党を淘汰して，何をしようとしているのか，ビジョンすらない。強力な地域開発の展開というなら，あとでみるように，「東海道メガロポリス」の模倣であり，今日では時代遅れの発想であり，しかも東京が主役であり，大阪・名古屋は，脇役に過ぎない。
　第2に，3都の関係首長といっても，**その行政的関心**は，さまざまで河村市長の関心は，減税であって，連携は「大阪維新の会」の政治的思惑から，

強引に引き込まれ形成されたという,基本姿勢の乱れがある。

もともと河村市長は,府県にはよい感情をもっていなかったが,連合に賛意をあらわしたのは,同僚の大村愛知県知事候補の選挙を有利に運ぶ,政治的思惑からである。河村市長は,ポピュリストであり,同時にオポチュニストとの批判を,甘受しなければならないだろう。

河村市長は,指定都市市長として,全国指定都市と連携して,生活保護・介護保険・環境保全など,都市政策の解決のため,全国的運動を呼びかけるべきである。名古屋市長でありながら,自己の政治的打算から,名古屋市解体に与する行為は,理解しがたい。

第3に,日本経済の成長にどれだけ,**3都の牽引車としての機能**がはたせるのか。国際競争となれば,国対国の競争であり,3都連合などの次元の問題では,なくなってきている。まさに時代錯誤の発想である。

基本的には地方団体は,経済振興には補佐役・脇役であり,経済を引っ張っていけるものでない。東京都の経済成長に,行政団体としての東京都が,どれだけ貢献したか疑問である。リニア交通にしても,自治体と関係なしに,計画され建設されている。このようにみてくると,3都構想は,政治的思惑がうんだ,ビジョンに過ぎない。

大阪都構想も,なぜ大阪都構想なのかを,考えてみると,理不尽な理由を積みかさねて,大阪市をつぶしにかかっているだけである。道州制をみすえれば,解体されるべきは,大阪府であって,大阪市ではない。

流動的な地方制度改革の流れのなかで,なぜ大阪市改革だけが急ぐのか,つきつめてみると,橋下知事の政治支配欲からでた,大阪市抹殺論としかいえない。

大阪府の「府自治制度研究会」(座長・新川達郎同志社大学院教授)は,その最終答申試案「最終とりまとめに向けた議論のたたき台」(10年12月22日,以下,報告書)を発表した。大阪都構想への積極的根拠はなく,むしろ選択肢の1つとされている。

第1の課題は,**なぜ大阪都構想**かである。橋下知事は,大阪府・市の存在

が，あたかも大阪経済低迷の原因であり，二元行政で的確な政策遂行ができず，二重行政の無駄は巨額であり，したがって大阪市を解体するとしている。

　大阪都構想で，大阪市が消滅すれば，大阪経済は成長し，二重行政はなくなり，広域行政が積極的に展開され，自治区方式で行政サービスも充実し，市民参加もすすむという，実証的分析はない。制度改革は，万能薬ではなく，メリット・デメリット効果の検討がなされなければならない。

　第1の**歴史的視点**からみると，戦後の地方分権論は，中央集権対地方分権という対立軸で，論じられてきたが，地方分権における，府県対市町村の支配・統治関係について，ほとんど論じられてこなかった。戦後改革でも，この支配関係は，温存されたままであった。

　地方分権といっても，府県の府県による府県のための地方分権では，分権の効果は，実質的にはないのと同じである。地方分権の基本は，市町村自治であり，市町村の権限・財源・事務の拡充でなければならない。

　その意味では，大阪都構想は，大阪府による露骨な府県集権主義の市町村優先主義への挑戦であり，市町村自治への脅威である。府県はミニ霞ヶ関といわれ，許認可権をもって，市町村を支配し，天下り人事で，市町村を統制してきたが，これらの積弊を，府県は，いまだに払拭し切れていない。

　第2の**政策的視点**からみると，大阪都構想の創設目的・橋下知事の政策意図は，「都市大阪への都政府の関与は，都市圏全体を『強く』する政策分野（都市開発や高速交通網）で重点的におこなわれ，福祉，文化，まちづくり，環境など残りの『優しい』政策は，力の弱い特別区に委ねられる」（村上・前掲書291頁）と，危惧されている。

　要するに大阪都構想の仕組みをみれば，機能配分では，広域自治体の大阪都が，大阪市の「おいしいあんこ」の部分だけを吸い上げ，残余の「厄介な部分」を，特別区に押し付けることは必至である。

　結果として身軽になった大阪都が，大阪市の税源も動員して，地域開発に邁進するが，生活福祉は悪化するという図式が定着していくことになる。

　また大阪市と周辺都市の関係は，「『大阪全体の発展』を掲げる大阪都のも

とでは，大阪市地域への配慮がよわくなってしまう懸念がある」(同前291頁)といわれ，大阪市にとっては，きわめて不利な改革である。

　第3の**政治的視点**から推測すると，大阪都構想は，橋下知事の政治的支配欲の産物ではないか。大阪府の労組を圧迫し，賃金カットを実施し，大阪府議会にも，「大阪維新の会」が，最大会派となり，大阪府下の衛星市にも，自己勢力の首長・議員を扶植し，橋下政治の基盤を，万全なものにすることを狙っている。

　この政治図式の壁が，大阪市であり，大阪市抹殺の秘策として，大阪都構想が浮上してきた。特別区に分割された，旧大阪市は，まとまっても大阪府に対抗できなく，実質的には大阪都の下部組織に過ぎなくなる。

　自治区となっても，行政区より惨めな状況に，転落するであろう。制度として改革の必然性のないのに，政治的野望から，選挙の争点に仕立てた，露骨な権力追求の産物ともいえる。

　第4の視点として，**行財政制度視点**からみると，橋下知事は「大阪府・大阪市を一度，解体して新しい大阪都をつくる」ことを提唱しているが，そのような地方制度は，存在しないし将来も創設は，不可能である。

　第1に，大阪市が大阪府を吸収するのが，**特別市制**である。残余の大阪府は，北部は北摂県，南部は堺県に分割する，大阪府解体しかない。橋下知事は，到底，納得しないであろう。

　第2に，大阪府が，大阪市を吸収するのが，**東京都方式**である。大阪都構想は，この東京都方式の忠実な模倣的制度である。橋下知事の「One 大阪」とか，「一元的支配」とかからみて，東京都方式以外の制度は，考えられない。

　要するに大阪都構想は，大阪府・市を解体・再編成し，新しい自治体大阪都をつくる，創造的破壊ではない。大阪府が大阪市をのみ込み，「畸形的大阪都」をつくる，府県集権主義への改革である。

　その結果，大阪都は，大阪府がもつ市町村監督行政と，大阪市がになってきた，都市経営という，二足の草鞋をはく，変態的地方団体に，変貌してしまう。結果として地域経営能力は，格段に低下する。「東京都に都政なし」と

いわれてきたが，この変則的制度が，原因である。

大阪都構想は，大阪府は，なんら犠牲をはらうことなく，大阪市の権限・財源・事業を，収奪するための制度改革に過ぎない。

第5の**広域行政視点**からみると，大阪で具体的には阪神高速道路淀川左岸線の延伸，JR新大阪駅と関西空港を結ぶ「なにわ線」の建設など，都市インフラの整備があるが，この程度の事業は，府市の費用負担区分の問題で処理ができ，制度をいじる必要はない。

大阪都構想のアキレス腱は，**大阪府域の狭隘性**で，本来の広域行政ができないことである。府域が狭いままで，大阪都を創設しても，なんら問題の解決にはならない。府県制の将来像は，指定都市の都制化による吸収ではなく，道州制とか府県合併とか，政府出先機関の府県化という，府県の変革でなければならない。

また大規模団体である，政令指定都市は，分割して特別区方式のもとに，再編成しなければならないといわれている。しかし，同じ論理を府県に適用すれば，大規模府県の東京都・大阪府・愛知県などは分割し，市民参加が容易な府県に，再編成されなければならない。

それでは広域行政が，できないというが，大都市とて分割されれば，都市経営の一体性という，広域行政が破綻するのである。都市だけに犠牲をおしつけ，府県は安泰という，地方制度改革は，結局は市町村自治の衰退，そして府県の停滞につながる。

第6の**行政経営の視点**から，大阪都構想の1つの理由として，大阪市を解体しなければ，**大阪市の高コスト・腐敗の体質は，治癒できないとの論理**である。しかし，「大阪市の『高コスト体質』は適正化すべきだが，それを根拠に市の廃止（大阪都）を正当化するのは，飛躍であり，地方自治の価値や意味を考慮しない視野の狭い論理だろう」(村上・前掲書293頁)と，批判されている。

そもそも橋下知事は，府財政が悪化から，脱却していないのに，大阪市の財政を，心配する余裕はないはずである。自分の論理は，他人に押し付ける

が，自分は例外として，処遇している。

　大阪都構想による大阪市のメリット・デメリットを想定すると，圧倒的にデメリットが大きい。要するに大阪市消滅のマイナスの波及効果は，次第に旧大阪市を蝕しばみ，さらなる大阪経済の沈滞をもたらすであろう。

　第1に，**地理的にみて**，大阪市は周辺都市とあきらに異なる。この特異性をまとめてきた，中核である大阪市が消滅し，大阪府という，行政区画に埋没してしまう。大阪ブランドという，価値も低下するだろう。

　第2に，**行政的にみて**，大阪市を全体的一体的に運営してきた，大阪市の伝統ある都市経営もできなくなる。旧大阪市としての独自性はなくなり，地方自治権も消滅してしまう。

　第3に，**財政的にみて**，旧大阪市の財政は，さらなる貧困化に見舞われる。大阪都にその財源の4割をうばわれ，その財源が旧大阪市へ全部還元される保証はない。性急な大阪経済振興をかかげる，橋下知事の方針からみて，大阪市域外のインフラ整備に大半が，投入されるであろう。

　最悪の事態を予想すれば，大阪市の資産の大半は，大阪都に帰属し，売却され広域行政費として流用され，災害時には，特別区は自前の財源だけで，救助活動を余儀なくされ，悲惨な状況に見舞われるであろう。

　第4に，行財政の問題のみでなく，致命的損失は，**大阪市の歴史・文化**も，市制のみでなく，精神も消滅してしまうことになる。都市の個性・都市への愛着の衰退である。

　大阪都になっても，大阪文化の振興は，行われるであろう。しかし，それは行政としての義務的処理であり，市民が熱意をもって，当該文化を死守しようとする気概はないであろう。大阪都になれば，大阪市史の編纂は，永久に行われない。

　堺市の場合，大阪市よりより深刻である。堺市という名称がなくなり，大阪都文化の育成といわれても，実感のない無味乾燥な行政措置に過ぎない。

　第2の課題は，大阪都構想は，どのような**大都市制度**を想定しているのかである。先の研究会は，大阪市を複数に分割する「大阪再編型」は了承した

が，大阪都構想については，その前提条件として，府市協議・住民意見聴取などの条件をつけ，拙速な実施を戒め，慎重な対応を求めた。

　再編成の第1ステップとして，府市が個別に施策を実施するのは，「大きな損失なので，………府市の間で協議を尽くし，大阪の抱える様々な課題を共有する」（報告書13頁）よう協議する。

　第2ステップとして，「府市協議の枠組みを充実し，強固にしていくために，府市の条例等により制度化」（同前13・14頁）をすすめる。第3ステップとして「住民意思を反映して，国に対して，府市から新たな大都市制度の提案を行う」（同前14頁）と提言されている。

　だが研究会は，大阪都構想を，そのまま答申しなかったが，大阪市を分割して，自治体を広域自治体と基礎自治体に，区分することには賛成している。要するに大阪市を分割するが，東京都特別区方式ではないとしている。それでは「大阪維新の会」が，拒否した分市方式の採用かといえば，明言しておらず，迷走ぶりが目立つ。

　要するに「現行の特別区と政令市制度という画一的な大都市制度から多様な大都市制度を自ら選択できるような制度設計が必要」（報告書34頁）と答申している。

　マスコミは，「知事がめざす大阪都構想の導入は困難との意見で一致した。また，再編にあっては府市が協議し，合意できない場合は住民投票を実施すること」（10年12月23日，朝日）と報道されている。

　要するに「東京都をモデルとした都制度について，特別区に分割しても市より財源や権限が弱いため自治体としての力が発揮できないことから『導入は困難』と一致した。委員から『ポピュリズム（大衆迎合）にならないように』『一時の熱狂に踊らされないように』との意見も相次ぎ，住民が判断できるように制度の長所や短所を明確に示す必要がある」（同前朝日）との意見が，委員から出された。

　橋下知事の肝いりで設置された，委員会の意外な結論に，橋下知事は「行政として意見はしっかり受け止めるが，政治活動は別」，ポピュリズム批判

については,「有識者は制度に意見を述べればいい。政治的領域に踏み込むのは越権」(同前朝日)と非難している。

しかし,橋下知事は,行政問題である大阪都を,政治戦略の手段としており,現状では行政制度として冷静に熟議できなく,府民も適正な判断・選択ができない。委員会の委員が,橋下知事のポピュリズム的言動を戒めるのは,当然の責務である。橋下知事は,これまで行政問題を政治的に,政治問題を行政的に,巧みに処理してきたが,他人がこのすりかえの手法を使うことを許さないのは,権力者の偏狭性の表れである。

大阪都構想についても,ここにきて大阪都構想への不協和音がみられる。竹山堺市長は,「堺市は政令指定都市になって5年目で,すぐ分割するのは市民感情からみてもおかしい」(10年12月4日,朝日)と,当初の「検討の対象」から,反対へと軌道修正をとりつつある。

「堺を第一に考えていくのが私の責務。(知事との間に)隙間があるのは当たり前。視点の相違だ」(同前朝日)とも語っている。大阪都構想が,どのような大都市制度をめざしているのか,漠然としている。

マスコミの評価は,必ずしもすっきりものでない。第1に,「大阪都構想と都市間連携は,府が市をのみこむか,府は調整役に徹してもらうかの争いともいえる」(10年12月17日,朝日社説)といわれている。しかし,対立することはなく,府県が国の出先機関を吸収して,存続を図っていくべきで,大都市を吸収するのは,時代錯誤である。

第2に,「橋下氏と河村氏が問いかけた意味は小さくない。政令指定都市とは何か。広域自治体と基礎自治体の役割分担はどうあるべきか」(同前朝日社説)と,問われている。

しかし,広域自治体・基礎自治体の区分を徹底すれば,市町村はコミュニティ行政しかできなくなる。ことに大都市のように一体的都市経営が,不可欠な団体では,きわめて不合理な区分となる。

第3に,「自治体もこれまでと同じでいいはずがない。財政規模や職員,議員の数を身の丈に合わせてなければならない。府県と指定都市で無駄な重複

が多いなら，そもそも2つの器が必要かという根本に立ち返って考えみるのもいい」（同前朝日社説）といわれている。

しかし，このような見解は，行政制度でなく，減量経営の問題であり，二重行政は，いわれるほど多くはない。「今日の大阪で府・市にそれほど決定的な対立と『二重行政』があり，本当に指定都市や地方分権の理念に反するような大阪市廃止（大阪都の導入）を断行すべきなのだろうか」（村上・前掲書242頁）という，基本的な疑問がだされている。

これまでの地方制度の変遷をみると，図1のように戦前府県は，総合官庁として，地方事務の大半を分担していたが，戦後改革で内務省が解体されると，公選知事をきらい，各省庁は一斉に地方出先機関を乱設していった。そのため府県の地位・存在感は，相対的に低下していった。

一方，市町村は，段階的事務移譲によって，政令指定都市・中核市・特例市などにみられるように，市町村主義を拡大していった。しかし，都制になれば特別区は町村より惨めな地位に陥ってしまう。

図1　戦前・戦後・近年の国・府県・市町村

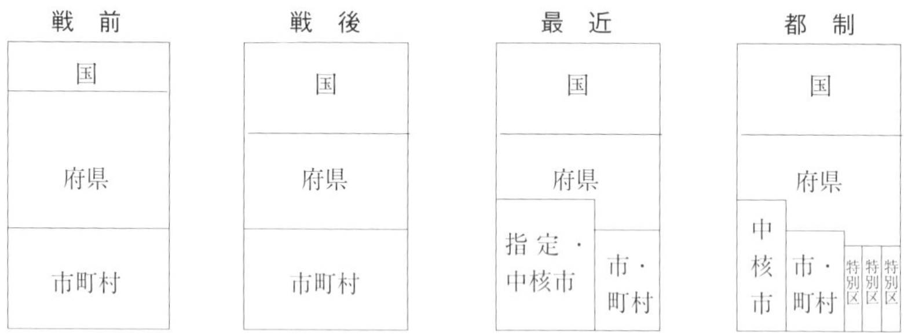

戦　前	戦　後	最　近	都　制
国	国	国	国
府県	府県	府県	府県
市町村	市町村	指定・中核市 / 市・町村	中核市 / 市・町村 / 特別区 / 特別区

大阪都構想は，このような戦後の市町村自治拡充に，逆行する制度改革である。そのため大都市の大規模性が，解体の理由とされている。しかし，大都市は経済・社会的一体性を活用して，公営企業の経営，都市基盤の整備，生活サービスの拡充をしてきたのである。

また府域が狭いままで，大阪都を創設しても，なんら問題の解決にはならな

い。府県制の将来像は、指定都市の分割・都制化による吸収ではなく、道州制とか府県合併とか、政府出先機関の府県化という、府県の変革でなければならない。

大阪都構想は、このような戦後の市町村優先の地方制度改革を、逆転させるものであり、村上弘立命館大学教授が、図2で指摘するように、先進国では東京都以外に例をみない、広域団体への権限集積型の地方制度である。

橋下知事がいう、強力な地域開発を推進するには、大阪市の市域を拡大し、特別市制で事業化しなければならない。大阪府は周辺府県との合併で、広域自治体としての存続を図っていくべきである。

大阪都構想は、大阪府の府域の狭さを、外延的解消でなく、内部で処理するところに無理がある。現在の大阪府・市は、ともに辛抱をしているのであり、大阪府がエゴを、ゴリ押しに解消しようとしているため、府市の大きな軋轢が生じているのである。

図2 「大阪都」における自治体間の権限配分のイメージ

	A 現行の指定都市	X 大阪都構想 (≒東京都制)	B 参考 特別市
広域的・高次機能	大阪府 / 大阪市	大阪府	県・州 / 特別市
基礎自治体の機能	市町村	市町村	市町村
	例 日本の19の指定都市、ミュンヘン・ケルンなどのドイツの都市、サンフランシスコなどの米国の都市。大都市は広域自治体の内部にとどまりつつ、大きな権限と責任を引き受ける。	例 先進国では、東京都以外には見つけにくい。広域自治体が大都市の権限を吸い上げ（集権化）、大都市は市域全体を包含する政策機関と自己決定権を失う。	例 ソウル、ロンドン、パリ、ベルリン、ハンブルグなど。面積500~1000平方キロ程度の大都市（おもに首都）が広域自治体から独立し、権限を持つ。

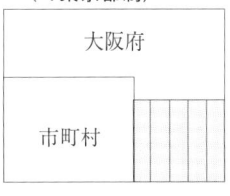

出典 村上弘『「大阪都」の基礎研究』（『立命館法学』2010年3号）261頁。

第3の課題は，**制度再編成の図式**である。広域行政の府独占，基礎的自治体の生活行政専念，そのため政令指定都市の解体をえがいている。「**基礎的自治体と広域自治体の関係**」について，さきの報告書は結論的には，大阪市の分割である。

　府の役割は，「広域自治体については，単独の基礎自治体単独又は水平連携では担えない，広域的，戦略的に取り組む必要がある産業政策やインフラ整備，さらには基礎自治体の『後方支援』として住民の『安心』を支える役割を担なう」（報告書21頁）と，大阪都の役割を説明している。

　大阪市について「大阪市を超えて都市圏が広がるなかで，特別市のような広域自治体と基礎自治体の機能を併せ持った自治体構造では，広域行政と身近な行政サービスを一つの住民自治のもとで実現しようとすることになり，それは限界があるのではないか」（同前21頁）と，疑問を呈している。

　第1に，大阪市が広域・基礎行政を，ともに分担しているため，どのような**大規模自治体の弊害**が発生しているのか，具体的に指摘し列挙しなければ，机上演習に過ぎない。まず広域調整をする事業は，実際あまりなく，道路整備がほとんどであり，府・市が調整し，連携して責任をもって事業執行すれば，広域自治体の調整はほとんどない。

　兵庫県の事例でみると，国道43号線（浜手幹線）は，戦後，阪神地区は兵庫県が，神戸地区は神戸市が，区画整理をして，立派に貫通している。府県・市町村連携の問題で，制度をいじくらなければ，解決できない問題でない。

　それぞれが責任をもって，事業執行するのが妥当な対応である。阪神大震災で，中央幹線（国道2号線）は，阪神高速道路が倒壊し，交通が遮断され，国道43号線に車は殺到し，大渋滞となった。

　残る山手幹線は，神戸市内は整備されていたが，芦屋以東は，芦屋モンロー主義にはばまれて未整備で，昨年，計画から半世紀以上もたって，トンネル方式でやっと開通にこぎつけている。要するに広域自治体ができたとしても，個別自治体処理方式と調整能力は，大差がないのである。

　第2に，**都市間水平連携方式**で，広域処理は困難とみなされているが，阪

神水道企業庁（旧阪神上水道組合）は，昭和 11 年 7 月 21 日，神戸・西宮・尼崎市と関係町村が創設した，水平的連携の事業である。

　大阪市が関係するエリアをこえた，事業は大阪府が，広域行政として単独で実施すべきであり，大阪市が関係する広域行政は，連携方式で府市・関係市町村が処理しても，阪神水道事業のように，なんらの支障なく実施されるはずである。

　これら制度研究会の意見は，制度を理論的静態的運営でとらえられており，実際的動態的運営ではとらえられていない。すなわち府県集権主義のもと，上級官庁が財源・権限・事業の配分権をもっていても，実際の事業は，基礎自治体との連携で，事業を遂行しているのである。そのため生活行政に歪みや不合理が発生しているのである。

　第 3 に，**広域・基礎自治体の区分**について，「大阪維新の会」の大阪都構想には，「『強い広域自治体』と『優しい基礎自治体』という表現こそ，大阪都構想の核心であり，大阪市（堺市，その他の市）が持つ高次の権限を大阪府＝大阪都が吸収し一元化することを示している。大阪都の公式目的が，何よりも産業基盤整備の一元的推進であることが，率直にしめされている」（村上・前掲書245頁）といわれている。要するに産業開発行政のために，事業・権限・財源を，府政に集中させることである。

　しかし，広域行政をそこまで重視するならば，むしろ府県合併をうちだすべきである。大阪府の府域は余りに狭い。橋下知事は，関西州広域連合方式で対応してく方針であるが，それならば大阪府・市も連携方式で処理すべきである。府県合併・道州制が成立した段階で，特別市方式の大阪都をつくればよい。大阪市のみ性急な制度改革を求めるのは，大阪府のエゴ的要求である。

　要するに大都市分割論は，「為にする」論理であり，地方団体の規模だけで，分割・合併するものでない。少なくとも，各自治体の合意がなければ，強引な措置はとるべきでない。

　第 4 の課題は，**二重行政の解消・一元主義の創設**である。大阪都構想について，橋下知事は「大阪都構想ですが，僕は大阪が再生を期するにはこれし

かないと考えてきました。全国で2番目に狭い大阪府内に，府庁・府知事とそれに同等の政令指定都市の大阪市役所・市長の2つがあってうまくいくはずがない」(11年1月1日，朝日)と，従来からの持論を展開している。

　大阪府サイドからの，勝手な構想は，迷惑である。第1に，「One大阪」である。橋下知事は「日本に首相が2人いれば，それはおかしい。『1人にしろ』と理屈抜きになる。それと同じ大阪にリーダが2人いれば一つにまとめましょうという，率直な発想なんです」(同前朝日)と，橋下専制体制を強調している。

　このような論理は，政府をして地域開発は，司令官1人であり，大臣のもと府県知事も，全面的に服従すべきとの論理となる。大阪府が，大阪市がその存在・独自性を主張するのを，抑え込む論理は，やがて大阪府にも，はねかえってくる。

　第2に，**二重行政**については，大阪府自治研究会は，「研究会において，事業仕分けを実施した結果，府市で13施設が類似ではないかと考えられる」「住民にとって低コストでサービスを提供するという観点から，府市の役割を整理する必要がある」「根源的な課題は，いわゆる『二元行政』とも呼ぶべき状態に府市が陥っている」(同報告書4頁)といわれている。

　研究会報告書が，大阪府・市の1,583事務事業のうち，仕分け結果で239事務事業が，重複事務事業とみなされている。しかし，病院・大学・図書館などが含まれており，府民の行政ニーズからみて，二重行政とはいえないであろう。

　二重行政について，「複数の自治体が類似施設を作ると『二重行政だ』と目くじらを立てるのは奇妙だ。………需要との関係………合計で過剰になっている場合である」(村上・前掲書285頁)と，単なる施設の重複ではなく，市民ニーズとの需要供給の関係で判断すべきと，新しい基準が示されている。

　道路などの産業基盤に比して，文化・福祉・教育・医療施設は，一般的に供給不足で，類似施設があっても，二重行政とはいえない。

　さらに図書館などでも，立地・機能・内容の特色・分担などで，特色があ

り，それぞれ異質の市民ニーズを充足していれば問題はない。大阪府・市の病院・大学・図書館などは，二重行政とはいえない。

　過剰な施設については，「各自治体が政策評価・事業仕分けによって効率化・縮小を図る」(同前288頁)ことで，解決すべきである。なお施設の過剰は，同一自治体でも，類似の文化ホールをもったりして，発生しているのであり，二重行政の問題ではない。施設建設の事業選択の問題などである。

　根本的には，二重行政とは，阪神大震災の区画整理事業にみられたように，神戸市都市計画審議会の承認を得，さらに兵庫県都市計画市議会の承認が，必要といった，行政手続きの二重が，典型的二重行政なのである。いわれるところの二重行政は，箱物の乱立であり，大阪都になっても，都立施設の重複は避けられないであろう。

　第3に，**大阪都制・大阪府市制の行政コスト**の比較である。大阪維新の会の新マニフェストは，府市体制では，二重行政などで行政費はふくらんでいるが，大阪都制になれば，行政コストの削減効果(表5参照)が見込まれると試算している。

　大阪都になれば，大阪府・市の1人当り行政と，東京都・23区の行政費は，117,807円の差があり，大阪市人口260万人とすると，3,063億円の財源がうまれると積算している。しかし，東京都の行政コストは，積算根拠がしめされていないので，独自に算定すると，逆の数値となっている。

　問題は，東京都の行政費である。20年度東京都普通会計決算額は，6兆9,112億円であるが，23区とその他に区分けする必要がある。人口比は東京都1,255万人，23区874万人で，69.6％の比率になる。

　しかし，23区は基礎自治体で，東京都が広域自治体として，指定都市分も負担しており，しかも首都特有の財政需要は，特別区に集中しており，少なく見積もっても，比率は80対20程度になり，東京都の23区1人当り行政コストは，63万2,386円となり，東京都・23区合計1人当り行政費は92万9,263円である。

　同様に大阪府も，大阪市と他市町村地区に，大阪府歳出を区分けする必要

Ⅲ　ポピュリズムの政策検証

がある。人口比は，大阪市30.58％，その他69.42％であるが，東京都とことなり，指定都市の財政需要まで，分担していないので，人口比から1割程度の減額補正をする。もっとも実際は，大阪府ではその他市町村が，優遇されており，大阪市分は2・3割程度の削減が必要であるが，無視して算出する。

　大阪府・市1人当り支出額は86万3,715円となり，東京都・23区より，1人当り支出額は6万5,960円すくなく，大阪市全体では1,749億9,188万円の安い行政コストとなる。逆に都制を採用すれば，1,750億円の行政コスト増加となり，「大阪維新の会」の算定と，まったく逆となり，都制方式は，行政コストの面からも，実施すべきでない。

表5　大阪都制における1人当り行政費増減推計

大阪維新の会の推計		筆者の推計		
区　分	1人当り：円	人口：千人	歳出決算：千円	1人当り：円
大阪府	288,068	8,677	2,685,590	309,507
大阪市分	—	2,653	738,578	278,394
大阪市以外	—	6,024	1,947,012	323,209
大阪市	597,572	2,653	1,552,859	585,321
大阪府市合計(a)	885,640	2,653	2,291,437	863,715
東京都	424,533	12,548	6,911,263	550,786
23区分	—	8,743	5,528,960	632,386
23区以外	—	3,805	1,382,303	358,993
23区	343,300	8,743	3,032,740	346,877
都・23区合計(b)	767,833	8,743	8,561,700	979,263

注　大阪市，東京23区人口は，平成20年12月末，東京都・大阪府人口は，21年3月31日，決算額は平成20年度普通会計
　　(a) は大阪市内における府市の支出額合計，積算人口は大阪市人口。
　　(b) は23区内における都・23区の支出額合計，積算人口は23区人口。

　また大阪市1人当り行政費61万4,957円，横浜市37万7,970円，名古屋市44万5,370円であり，大阪市が名古屋市なみの行政をすれば，450億円に節減ができ，大阪維新の会は，「これが成長戦略の原資」なるとしている。

しかし，この対比は，職員１人当り比較と，同様であり，大阪市特有の行政的要素を無視したものである。大阪市は名古屋市より，昼間人口比率は高く，生活保護行政などの職員数が多い。大阪市の文化・スポーツ・教育・福祉施設などが多く，官民比率も公営が多いためである（高寄・前掲書33・34頁参照）。

　第５の課題は，深刻な**特別区の財政力格差**である。大都市の大規模性が，解体の理由とされている。しかし，大都市は経済・社会的一体性を活用して，公営企業の経営，都市基盤の整備，生活サービスの拡充をしてきたのである。

　これまで各区の財政力格差を，市域内で財政調整をしてきた。大阪市を分割し，特別区方式にすれば，財政力格差は，大阪都交付金で埋められても，財政需要の偏在からくる，貧困性は制度では救済不可能で，貧困区の財政が，極度に窮迫するのは，目にみえている。

　行政制度から静態的にみれば，大阪都・特別区方式は，一見，難点はないようであるが，行財政力学から動態的にみれば，大都市を分割してしまうと，分割された地方団体は，府県の下請け団体に，転落してしまい，自主精神に支えられた，独自事業はなされないであろう。

　財政調整問題について，「大阪市域を再編成するとした場合，新たな基礎自治体間に財政力格差が生じることが想定されることから基礎自治体間での財政調整が必要となる」（報告書31頁）といわれている。

　財政調整制度として，「地方交付税による調整，地方交付税を適用のうえで，独自財源による調整，地方交付税と独自財源を合算して独自の調整」（同前）と，３つの方式が提示されている。

　このうち交付税方式は，分市方式しか適用できないので，大阪都構想はすで断念した方式である。第２の方式は，分市方式で交付税を交付して，逆交付税方式で財源調整する方式であるが，特別区を政府は，地方交付税では独立自治体と認めていないので，この方式は不可能である。したがって第３の方式も，適用困難である。

　常識的な対応は，東京都方式となる。ただ東京都は不交付団体であり，都・

特別区を合算して，財源調整を行っている。しかし，大阪府・市は，ともに交付団体であるので，大阪市への交付税を，大阪都・特別区で分割・配分することになる。

ただこの大阪市交付税を，大阪都が配分するのか，共同機関を設立して配分するかであるが，どちらを採用しても，東京都以上の都・区間の財源紛争は，より深刻なバトルになることは避けられない。

「財政調整制度を考えるための基礎資料」として，研究会が試算した，大阪市の各区の財政状況をみると，表6は，「平成20年度の大阪市の普通交付税をもとに試算。基本的に現在の各費目・税目を按分。権能差に関わる需要額（約361億円）・収入額（約120億円）は，控除した上で按分を行った」ものである。

研究会報告書は別表で，権能差に関係わる需要額・収入額はそのままにした分が掲載されているが，省略した。別表では，財政力格差は緩和され，財政力指数は中央区は6.620に，西成区は0.312となっている。なお基準財政需要額・基準財政収入額の算定は，表6を参照されたい。

このような財政力格差は，はたして調整できるのかである。第1に，分市方式であれば，超過収入額1兆9,979億円は，富裕区に留保され，貧困区は1兆9,208億円の交付税を受け取ることができるが，特別区方式では無理である。

第2に，区割りにおいて，富裕区と貧困区を合体して，新区を設置することは，飛び区といった奇抜な方法でない限り不可能である。

第3に，合区によって現在の35.0倍の格差は，2倍に縮小されるが，格差是正は不可能である。東京都のように都の超過財源で，区の財源不足を補填しているが，大阪府は交付団体であり，大阪都方式では，特別区独自の財源補填となり，交付金の絶対額は抑制される。

第6の課題は，**債権債務の継承**は，重要な懸案であり，大阪都と特別区は，この配分をめぐって紛糾し，制度創設が容易に実現できない，泥沼に陥るかも知れない。大阪都が実現したとして，大阪市の債権・債務を，大阪都・特別区でどう分割するのか。

表6　大阪市普通交付税24区試算（平成20年度算定ベース・臨時債振替後）（単位：千円）

区　分	基準財政需要額（振替後）	基準財政収入額	交付基準額	普通交付税交付見込額	住基人口(21.3.31)1人当り税収	財政力指数
北　区	18,570,141	90,095,222	▲71,525,081	0	1,206	4.852
都島区	18,768,888	10,445,329	8,323,559	8,323,559	138	0.557
福島区	10,958,347	11,566,108	▲607,761	0	237	1.055
此花区	12,177,712	11,039,603	1,138,109	1,138,109	216	0.907
中央区	12,284,244	115,339,404	▲103,005,160	0	2,126	9.389
西　区	13,996,705	31,830,534	▲18,729,111	0	547	2.430
港　区	16,037,037	9,884,213	6,152,824	6,152,824	150	0.616
大正区	13,996,705	8,462,213	5,533,907	5,533,907	148	0.605
天王寺区	11,767,830	14,682,549	▲2,914,719	0	310	1.248
浪速区	11,530,496	12,381,774	▲851,278	0	324	1.074
西淀川区	18,035,387	14,920,253	3,115,134	2,115,134	199	0.824
淀川区	31,619,460	33,724,134	▲2,104,674	0	262	1.067
東淀川区	34,961,784	16,206,121	18,755,663	18,755,663	119	0.462
東成区	14,990,890	9,310,980	5,679,910	5,679,910	164	0.621
生野区	27,510,319	11,695,784	15,814,535	15,814,535	140	0.425
旭区	18,293,104	9,478,534	8,814,535	8,814,535	129	0.518
城東区	29,980,819	14,158,552	15,822,267	15,822,267	112	0.472
鶴見区	19,763,018	9,969,383	9,793,635	9,793,635	117	0.504
阿倍野区	20,006,348	12,907,478	7,098,870	7,098,870	167	0.645
住之江区	25,577,910	20,290,843	4,926,980	4,926,980	211	0.805
住吉区	31,396,493	13,505,751	17,890,742	17,890,742	112	0.430
東住吉区	26,396,493	12,174,028	14,403,882	14,403,882	119	0.458
平野区	40,734,273	16,997,123	23,737,150	23,737,150	109	0.417
西成区	34,254,786	9,177,123	25,077,379	25,077,379	103	0.268
合　計	512,535,337	520,244,005	▲7,708,668	192,079,116	266	1.015

出典　大阪府自治制度研究会報告書（10年12月）42頁。

　大阪市財政は，高コスト財政と謗しられているが，ストック会計でみたとき，戦前からの蓄積もあり，その資産は，大阪府よりはるかに厚い状況にある。
　第1に，平成21年3月末の貸借対照表では，大阪市全会計資産12.64兆円，

負債5.96兆円，大阪府資産8.84兆円，負債6.85兆円である。大阪市を吸収する大阪都は，6.68兆円の実質的資産を受け取ることになる。

第2に，債務の状況をみると，「大阪府自治制度研究会」の最終案は，地方債について，広域・基礎自治体の配分（表7参照）を試算している。大阪市地方債（平成20年度末）残高は，普通会計2兆8千億円，公営企業2兆1千億円の合計4兆9千億円である。

大阪都・特別区の配分をみると，広域自治体1兆5,187億円，基礎自治体3兆4,181億円と，基礎自治体が，69.23％の引継ぎとなっている。水道・下水道事業は広域自治体であり，一般廃棄物も処理センターは，広域自治体であり，全部が基礎自治体ではない。このように債務の引継ぎをみても，都・区間の配分調節は難航することは確実である。

第3に，公営企業が，ほとんど大阪都にひきつがれるが，大阪市の公営企業の高速鉄道・上水道事業，準公営企業の港湾は，含み資産が膨大な優良企業である。地下鉄の民間売却は，政府企業の旧国鉄・電電公社の株式会社化とどうように，莫大な売却金の収入が見込める。

表7　大阪市地方債の大阪都・特別区配分（単位 億円）

区　分	広　域	基　礎	合　計	区　分	広　域	基　礎	合　計
道　路	443	2,948	3,391	水　道	—	2,516	2,516
河　川	139	55	194	交　通	7,142	210	7,352
港　湾	1,938	—	1,938	病　院	—	562	562
住　宅	—	2,211	2,211	港　湾	1,876	—	1,876
学　校	79	1,310	1,389	下　水	—	5,686	5,686
一般廃棄物	—	640	640	宅地造成（その他）	—	2,185	2,185
公共用地	—	2,835	2,835	その他	811	235	2,185
臨時財政対策債	44	5,312	5,356				
交通出資等	2,666	1,339	4,005	企業会計	9,829	11,394	21,223
その他	49	6,137	6,186				
普通会計	5,358	22,787	28,145	合　計	15,187	34,181	49,368

出典　大阪府自治制度研究会報告書（10年12月）42頁。

これら公営企業は，戦前の大阪市が，巨額の税源投入，高い公共料金負担で，建設維持してきたものである。関西電力株も，大阪市配電事業の国営化のため現物出資を余儀なくされたが，その補償金であり，もとをただせば市民の料金負担である。

　橋下知事にとって，垂涎の的である，1,700億円がどうなるのか，大阪都構想では明示すべきであり，大阪都に吸収され，大阪府財政再建の補填財源に充当されたので，まさの大阪市は，踏んだり蹴ったりである。

　本来，大阪府が存続するのであれば，有償でこれら資産を，買収すべきであるが，大阪都方式という，無償で獲得することになり，大阪市は，なんらかの対応策を考えなければならない。

　このように大阪都構想は，多くの難問を内蔵しているが，これらの疑問にこたえていない。大阪維新の会の「新マニフェスト」(11年1月)でも，大阪都構想の内容は，依然として曖昧模糊として，不明確なものであり，このような都構想で，市民の選択肢を迫るのは，地域政党としての信義が問われる。

　第1に，マニフェストは，「大阪府と政令市を統合し，大阪都と特別区に再編成します」としているが，政令市以外は，府下市町村は，どうなるのか，肝心の点が欠落している。

　大阪都の支配からはずれないなら，実質的には大阪府の存続，大阪府の大阪・堺市の吸収でしかない。すなわち大阪都構想は，大阪府の権限・事務・財源の拡大であり，府県集権主義以外のなにものでもない。

　第2に，広域行政の積極的展開，二重行政の解消，そして「水道，交通，ゴミ，港湾，消防等の経営形態を変更することにより，職員数を3割以上削減します」と，改革目標をかかげている。

　問題はこれらの目的のため，どうして大阪市を抹殺しなければならないのかという，説得性のある，理由が明示されていない。水道は府下水道の統合化であるが，大阪市の低い料金を，周辺市の高い料金にスライドさせるだけで，大阪市民は，納得しないであろう。

　交通の統合・民営化は，東京都の事例でも，営団・都営交通の統合が，まっ

たくすすんでいない。民営化となると，売却価格・経営主体などの難問があり，さらに難航することは明らかだが，秘策があるのか。消防は東京都消防庁方式であろうが，コスト軽減にはつながらない。唯一，ゴミ民営化であるが，大阪市でも，十分に対応は，可能である。

職員3割減は，現在の大阪市の削減方法で進行中であり，1年でやるのか，50年でやるのか，期限をしめさなければ意味がない。

第3に，要するにマニフェストの安売りであり，実現可能性・財源補填・制度改革を度外視した，願望の羅列に過ぎない。ことに肝心の財源調達・措置・配分などがなく，すべて「改革工程表」の将来課題とされている。

「大阪維新の会」のマニフェストは，改革ビジョンの夢が，多く語られ，大阪都構想のイメージアップをねらっているが，さきの東京都方式と大阪府・市方式の行政コスト比較のように，杜撰な積算で処理されている。

マニフェストは，ビジョンでなく，政策要綱であり，財源の提示と実現可能性のあるものでなければならない。かって「大阪維新の会」は，二重行政で7,000億円の無駄が，削減できることを喧伝していたが，新マニフェストには，その積算根拠はなんら提示されていない。マニフェストの政治的意味を，厳粛にとらえなければならない。

2　不完全自治体と特別区

　大阪市消滅の代償として，特別区が自治区として誕生するが，特別区は，不完全自治体で，町村より権限のない，大阪都の構成組織に過ぎない。

　かつて大阪市が，保有していた指定都市の権限・財源はなくなり，政府と直接交渉する地位はなくなるだけでなく，弱い自治区では，旧大阪市の要望を，大阪都に突きつけるだけの力量はなくなる。

　かりに大阪経済が，奇跡的に回復しても，法人市民税は，すべて大阪都が収入するので，特別区は，財政交付金で，そのおこぼれにあずかる程度である。

　「大阪維新の会」は，行政区を自治区にし，区長公選を提唱しているが，これは大阪市選挙廃止の代わりである。要するに大阪市長選挙か，区長選挙かの選択に過ぎない。

　第1に，大阪都構想は，大阪市は，基礎自治体としては，大きすぎる。大阪市を解体し，特別区を創設した方が，府市の二重行政はなくなり，行政サービスも充実し，市民参加もすすむと，そのメリットばかりが，強調されている。

　橋下知事は，大阪市の財源・権限・事務を，区に委譲するのであるから，地方分権であるとの奇妙な理屈である。一方で大阪市の税源の4割が，大阪都税となり，公営企業は，大阪都が経営主体となり，大阪市の権限・財源・事業の多くが，大阪都に取り込まれるので，府県集権がすすめられる。

　そして誕生した特別区は，大阪都の支配下にはいり，大阪市のような独自性はなくなってしまう。

　第2に，橋下知事は，「創設される自治区として特別区には，現在の大阪市より多くの財源を付与する」と説明しているが，東京都特別区制度からみて，ありえないことである。また財政危機にある，大阪府が身銭を切って，

特別区への財政支援に，踏み切ることも考えられない。

　橋下流レトリックでは「大阪市北区の自由になる財源は2億円であるが，独立の自治体では，人口規模からして200億円の財源が自由になる」「東住吉区が図書館を建設してほしいと，大阪市へ陳情しても，260万人分の13万人で要望は無視されるが，独立自治体となれば図書館はできる」(11年1月4日，読売テレビ・ten！新春SP）と，橋下知事独特の比喩で，自治区の自主性を強調している。

　現実はそんな生易しいものではない。大阪市推計では，平成20年度，北区には611億円（人口按分）の財源投入がなされている。特別区になると，これだけの財源は還元されない。大家族のもとで，小遣い2万円であったが，独立して200万円になったが，すべての家計費が，自己負担となり，より苦しい状況になったのと同じである。

　第3に，大阪都構想の目玉は，大阪市の解体と特別区の設置であるが，橋下知事は，「特別区」について，タウンミーティングで「具体像がみえない」「住民サービスはどうなるのか」といった，市民の疑問が続出した。

　橋下知事は，これらについて，「大阪都構想はごみ収集を1日増やすとか保育所や図書館を増やすとか，そういう話じゃない」「住宅サービスは選挙で選ばれた区長が，自由に判断するもので，今から決めておくものでない」(10年12月16日，朝日）と，核心を避けた対応をしている。

　さらに「24区とも街の顔が違う。それに会わせたお金の使い方をすればいいが，それが大阪市の大問題」（同前）と，使途の方法が重要としているが，「サービスの内容でなく，サービスの決め方に目を向けさせようとしている」（同前）と，批判されている。

　特別区の第1の課題は，創設される**特別区の自治性**であるが，不完全自治体で，一般町村以下の権限しかない。

　第1に，東京都特別区は，固定資産税・市民税法人分への課税権はなく，この税収を東京都45％，特別区55％で東京都が交付金（交付税）で配分をしており，直接的な支配をうけている。財政面からみれば，一般町村以下の課

税権しかなく,不完全自治体といえる。

　第2に,「大阪維新の会」の新マニフェストでは「大阪市役所からお金と権限を区に取り戻しましょう。それなら,地域振興会も市役所の顔色を気にすることはありません。自分たちが決めた区長とともに,数百億円の予算の使い道は区で決めることができる」と強調している。

　しかし,大阪都になれば,交付税・補助金・地方債などの財源措置は,大阪都知事がにぎるので,区長は都知事の顔色をつねにうかがい,区民のことを考える余裕はなくなるだろう。

　第3に,「大阪維新の会」のマニフェストは,「国民健康保険,介護保険,生活保護は広域(都)でやることになるので,赤字分を一般会計から補填する必要はなくなります」としている。

　しかし,政府はこれら行政の事業主体を,府県・都にするとはいっていない。大阪都でそのような理想的な都負担が,成立するはずがない。

　大阪市の22年度国民健康保険会計財源内訳をみると,国府支出金1,049.7億円,その他1,917.1億円,一般会計繰入金438.0億円,介護保険財源内訳は,国府支出金701.9億円,その他862.2億円,一般会計繰入金287.5億円で,いずれも一般会計繰入金がある。

　生活保護費(22年度予算4,844億円)も国庫負担金75％,市負担25％であるが,交付税補填がなされ,補助裏の全額が市負担でない。しかし,超過負担分は,純粋の市費負担となる。

　大阪都と同時に国保・介護・生活保護の事業者が,府県に変更されないかぎり,市(特別区)負担がなくなることはない。特別区の財源配分・措置については,二重行政の7,000億円の算出と同様に,杜撰で意図的な収支見込みが,浸透してしまっている。

　行政区から,自治区となっても,富裕団体の東京都・特別区ではともかく,貧困団体の大阪都の支配のもとで,住民サービスなど,満足にできない。

　第2の課題は,**大阪都の区域**であるが,当初,「大阪維新の会」は,大阪市・堺市と,大阪市隣接市を,ふくむ地域を想定していた。しかし,その後,

III ポピュリズムの政策検証

橋下知事は，堺市は除外するとの意向を表明しており，大阪市隣接都市も，除外される方向であった。

橋下知事は，大阪市と隣接都市との分断作戦で，大阪市を孤立させ，分割して統治する策略であったが，堺市も大阪都に編入されることに固まった。そのため，堺市長は，大阪都構想に反対を表明しており，このような懐柔策も，綻びがみられる。

堺市にとっては，折角，政令指定都市になったのに，数年で消滅してしまうことは耐えられない。さらに大阪市と堺市が，文化・歴史・生活・経済の異なるのに，なぜ大阪都に併合されなければならないのか。

大阪市としては，大阪都構想の区域がいずれであれ，大阪都構想の課題は同じである。大阪市に限定すれば，大阪市を解体し，特別区の区割りをしなければならない。一応，8・9区方式（表8参照）が想定されている。しかし，本来，社会・経済・生活が一体である。都市を分割・解体することで，さまざまの不都合が発生する。

表8　大阪都特別区の財政力　　　　（単位　百万円）

区　分	財政需要（一般財政自治）A	一般財源 B	差引過不足	B／A
東淀川・淀川区	111,242	96,680	▲14,563	0.869
福島・此花・港・西淀川区	101,499	89,284	▲12,215	0.880
大正・阿倍野・西成区	103,864	84,557	▲19,306	0.814
住之江・住吉区	93,284	78,539	▲14,745	0.810
中央・西・浪速・天王寺区	91,186	137,708	146,474	1.510
北・都島・旭区	95,438	111,296	58,886	1.165
城東・鶴見区	88,467	71,250	▲17,216	0.805
東成・生野区	70,757	57,121	▲13,636	0.807
東住吉・平野区	112,168	89,194	▲22,973	0.795
合　計	867,904	815,629	90,705	0.939

注　収入超過団体の過不足合計は，特別交付税措置で算定されているので，各区の単純合計とは一致しない。
資料　大阪市

第3の課題は，**特別区の財政力格差**である。大阪市は，各区の財政力格差を，市域内で財政調整をしている。先にみた各区別の格差は，35.0倍であるが，合区によって，1.90倍に縮小されるが，それでも格差は大きい。

　第1に，大阪市を分割し，分市方式でみると，西成区のように，4人に1人が，生活保護人員という，貧困区の財政が，極度に窮迫するのは，目にみえている。さらに生活行政に都区は特化されるので，貧困区に財政需要が大きいため，交付金の財政需要算入不足の被害をモロにうけることになる。

　第2に，特別区方式では，東京都の財政調整交付金方式で，交付税と同様に財政力が1.00になるよう調整されている。しかし，財政力格差が2倍あると，制度として補填されても，実際は依然として，財政力格差は，存在する。

　第3に，東京都特別区のような，富裕団体でも，平均で特別区税と交付金とが，平均で50％であり，貧困区では交付金が特別区税の2倍以上になっている。大阪都特別区では，3倍以上になるであろう。要するに都の特別区への財政支配が強いことであるが，大阪都では，交付金が区税の数倍という，区もできるであろう。

　第4に，東京都特別区でも，財政調整交付金の交付率をめぐって，東京都と紛糾しており，また特別区間でも，交付金の査定をめぐって対立がつづいている。大阪都では，府・特別区とも貧困団体で，この調整交付金闘争は，さらに熾烈な争点と，なることは確実である。

　第4の課題は，**特別区の権限**である。第1に，従来，指定都市がもっていた，特例的権限は，全部，なくなることになる。行政権限，とくに都市計画関連権限は，ほとんど主要権限は，大阪都の権限となる。

　用途地域制，道路計画（4車線以上の市道），公園計画（10ha以上の公園），地区計画の一部（都市再生特別地区）などで，これら権限は，平成12年の第1次地方分権改革の成果として，府県から政令市に移譲されたものである。

　第2に，特別区の権限は，一般町村なみとなり，行財政自主権の多くの権限をうしなう。地方債・交付税・補助金など，大阪市が政府と直接的に交渉していた，自治権はなくなり，大阪都経由の統制をうけることになる。

致命的欠陥は，補助金・交付税・地方債に関する，政府への申請は，府県経由となることで，特別区は，大阪都に財政運営の実質的権限を，奪われることになる。

第5の課題は，**特別区の事務事業**である。特別区の事務事業をみても，大都市自治体と重要な事務事業の多くがなくなる。第1に，都市づくりの事業は，大阪都の事務事業となり，幹線道路整備，区画整理事業，市街地再開発事業，広域公園事業などができない。

第2に，港湾・交通・水道・下水道・病院事業など，公営企業のほとんどが，大阪都の所管事務となる。高速道路・海面埋立・工業団地・住宅団地など，大規模公共投資も，大阪都構想の所管となる。

第3に，広域・専門行政は，ほとんど大阪都の所管となる。大阪市の経営している，研究所・特別福祉施設・大規模社会教育施設などである。大阪市立大学・病院，天王寺動物園，海遊館，中央図書館などである。

事務事業配分で憂慮されるのは，大阪都は広域行政の名のもとに，大阪市の事務事業のうち，'あんこ'の部分を分担し，生活保護・介護保険・健康保険など，赤字部門のみを，特別区に押し付けることになる。

大阪市が水道・高速鉄道事業などの黒字で，健康保健など生活サービス特別会計の赤字を，補填している，大都市財政運営の妙味を，完全に奪い去ることになる。要するに黒字は大阪都，赤字は特別区という，財政図式が形成され，生活保護者の削減，介護保険・健康保健料金の値上げとなるであろう。

第6の検討課題は，**特別区の財源**（図3参照）で，大阪市の財源を，大阪都・特別区で，どう配分するかである。結論からいえば，大阪市税の4割は，大阪都が吸いあげ，その半分も還元されないであろう。

第1に，税源配分である。大阪都構想で，特別区制度を採用すると，財源の大きな喪失となる。都・区の税源配分は，大阪府はそのままであるが，大阪市税は，東京都方式では，大阪都への移管，都・区調整税目，都区税の3つに分割される。

第2に，特別区税は，個人市民税，軽自動車税・市たばこ税などが，固有

税源であるが、市町村税の普遍的基礎的税目である、固定資産税の喪失は、特別区税にとって、大きな痛手である。それは住民登録と同様に、地域行政にとって必須の地域データである、不動産情報の欠落を、意味するからである。

第3に、大阪都は、法人市民税・固定資産税・特別土地保有税などを保有し、一定割合を調整財源と拠出する。法人市民税が、財政調整財源となるのは、財政調整として仕方がないが、事業所税の喪失も、大きな損失である。財政調整を重視した、税目配分となっている。

第4に、都市計画税・事業所税は、全額が都税となるが、都が都市整備などの事務事業を引き受け、特別区がまったく、都市整備事業をしないからという理由である。

第5に、税目の配分結果をみると、東京都・特別区の配分は、区税の66.19％は区税収入となるが、33.81％は東京都税の収入となる。都税の73.53％が調整財源となり、特別区55％、都45％で配分される。したがって固有の特別区税は、24.87％に過ぎない。特別区税41.7％と調整交付金58.3％で、交付金が上回る。

第6に、東京都・特別区の配分システムにもとづいて、大阪都・特別区の配分は、大阪市の試算（平成20年度決算）では、大阪市の税収6,708億円は、都市計画税545億円、事業所税240億円など800億円は、そのまま都税収入とされる。

図3 大阪都創設による大阪市税の都区配分 （単位：億円）

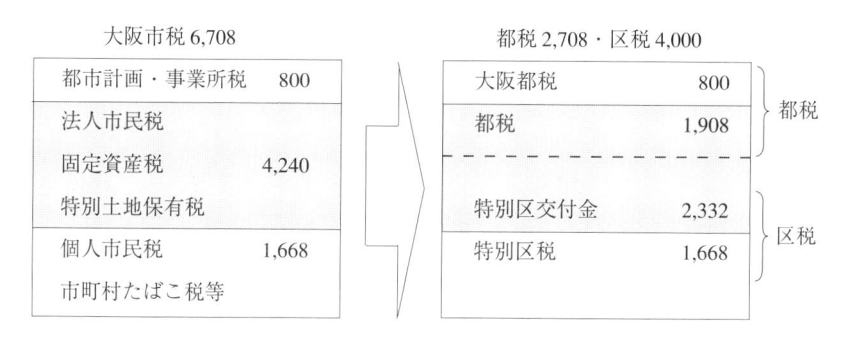

大阪市税 6,708

都市計画・事業所税	800
法人市民税	
固定資産税	4,240
特別土地保有税	
個人市民税	1,668
市町村たばこ税等	

都税 2,708・区税 4,000

大阪都税	800	都税
都税	1,908	
特別区交付金	2,332	区税
特別区税	1,668	

調整3税4,240億円のうち，1,908億円は，大阪都財源となり，2,332億円は，調整交付金として，特別区に還元される。2,708億円，40.37％が，大阪都の税収となり，大阪都に吸い上げられ，特別区には4,000億円しか残らない。

　第7に，大阪都が吸い上げた市税2,708億円の何％が，市に還元されるかであるが，現行では府税27.6％しか還元されておらず，2,708億円ベースとすると，747億円しかなく，1,961億円が大阪都の歩留まり財源となる，可能性が濃い。

　第8に，憂慮されるが，形式的配分だけでなく，都市財政運営による，制度の欠陥を治癒してきた方法がなくなることである。大阪市の公共投資は，平成7年度8,520億円であったが，22年度3,537億円になり，約4,993億円が節減されている。この節減費は扶助費などに転用されている。

　また形式収支（平成20年度）では，水道126億円，高速鉄道124億円の黒字は，国民健康保険364億円の赤字補填となっている。

　大阪都構想では，市民税法人分は，一部大阪都財源となり，水道・交通事業・都市整備は，大阪都事業となり，特別区には介護保険・国民健康保険・生活保護行政を分担することになり，大阪市が都市財政としてもっていたメリットはなくなり，特別区方式では，財政的に料金値上げを余儀なくされるであろう。

　第7の検討課題は，**都市内分権の問題**である。このような問題は，平成の市町村大合併でも討議され，「地域自治組織の設置に関する法律」（合併関連3法）が，整備された。地方自治法・市町村合併特例法（旧法），市町村合併特例法（新法）である。地域協議会方式で，構成員は首長の選任制である（地方自治法第202条の2・5）。

　指定都市の行政区は，現状のままでよいのか，川崎市が「区民会議」，名古屋市「地域委員会」，横浜市「地域協議会」などが設置され，準自治区への動きがみられるが，大阪市の対応は遅れている。

　大阪市を解体し，自治区に分割する制度は，どれほどのメリットがあるのか。第1に，橋下知事は，自治区となり，小規模自治体になれば，無駄がなく

なり，住民サービスが向上し，市民参加がすすむとの論理を展開している。

　自治体を小規模にしたから，市民参加がすすみ，行政サービスが向上するものではない。この理屈からいえば，大阪府は，鳥取県なみみに，10府県に分割すすれば，大阪府民はもっと手厚いサービスをうけられ，府民参加もすすむ理屈になる。

　第2に，公選区長・公選議員の問題である。議員数・報酬額は，話題になっているが，本質的な問題でないが，東京都特別区・大阪市議会比較から，議員数は，現在より181人ふえ，議会費は21億円もふえる。

　第3に，従来，生活経済圏でまとまっていた市を，分割してしまえば，図書館・市民ホール・福祉センターなど，個別に設置することになり，施設建設ラッシュとなるであろう。

　さらに新規に各区で，行政機関を設置することになる。教育委員会・監査委員会・区税事務所・道路管理事務所・公園管理事務所などである。いずれにせよ，大阪市という1つの世帯を，10前後の世帯に分割するのであるから，世帯道具一式が，必要となり，行政コストの増加は避けられない。

　第4に，住民の要望は，生活のあらゆる分野にわたる。ことに水道・下水道・病院・交通など公営企業は，大阪都となるので，全部，住民は大阪都へ陳情しなければならない。

　大都市では，防災対策，公害規制・市街地整備・小学校教員指導など，全市の問題として処理してきたが，大阪都へ陳情しなければならない。

　第5に，自治区になれば，あらゆる行政を分担するので，地域サービスばかりでなく，生活保護・介護保険・健康保険などもあり，住民サービスに専念できなくなる。さらに財源不足から，住民より大阪都の方をむいて，行政をする羽目になる。

　しかも権限・財源をもつ，大阪都の生活行政は，二階から目薬のように，生活に密着し，市民の切実なニーズに応えられない。要するに大阪都は，自己の問題として市民生活をとらえられない，中二階団体の宿命から逃れられないのである。

第6に，河村名古屋市長は，区より小さい地域単位でも，地域委員会構想を提唱している。大阪府池田市（人口10万4,000人）は，市内11の小学校区の協議会に，年600～700万円の使い途を議会に提案できるようにしている。
　委員は公募方式である。委員はボランティアであるが，「福祉の分野までまかされるのは重荷」であり，一方，「選挙で選ばれていない人が多額の予算を動かすのはおかしい」との意見もある。（10年10月9日，朝日）
　名古屋市は，10年度8カ所のモデル地区で，人口におうじて500万円から1,500万円の予算で行われている。地域委員は，郵送による選挙方式で72人が選ばれている。防犯・公園整備・集会所・イベントなどである。
　しかし，2回目の08年の選挙で，候補者が激減した。河村市長は「予算の使い道を決めるのだから，選挙で選ばれたという担保が絶対必要だ。選挙をしないと，地域のボスにメンバーが固定してしまう」（10年3月7日，朝日）などの問題が，早くも浮上している。
　河村市長は，将来，市内約260の地域すべてに地域委員を作る計画である。地域委員会に「課税権まで持たせれば，いよいよ地域政府ですよ。地域委員会の判断で減税もできる。そういう町が集まってユナイテッドステート・オブ・名古屋（連邦制）になってもええ」（同前）と，将来に大きな夢を託している。
　しかし，本来，統一的処理すべき生活行政をあまり細分割すれば，ごみの選別方法も異なり，行政の混乱にもなりかねない。
　このような大都市を，空中分解をさすような，地域委員会・特別区方式，しかも自治区は名ばかりで，欠陥自治体というべき，中途半端なシステムを導入すべきでない。指定都市内の「都市内分権」の十分で，特別区方式より，実益のある区政ができる。
　指定都市のいわゆる本庁がもつ，行財政権限・事務事業を，どれだけ区に分権・委譲する，近隣自治政府のタイプ（表10参照）は，さまざまである。
　第1に，準自治区で，自治区のような独立性はないか，議会・課税権・人事権・予算編成権などの，独自の権限をもつ。議会は公選ではないが，市会

表10　区制の類型

区　　　　分	区　　　長	議　　　会	財　　　源	事務事業	権　　　限
自　治　区	公　　　選	設　　　置	地　方　税	市町村なみ	市町村なみ
準　自　治　区	準　公　選	準　議　会	制限的課税	地域行政	事業決定権
非　自　治　区	準任命(任期制)	委　員　会	交　付　金	特定事業	権限移譲拡大
行　政　区	任　　　命	諮問機関	予算措置	委任事務	現行権限

議員・公募議員・地区代表（区長推薦）などから構成される。

　区長は議会が複数推薦し，市長が任命する。戦前の東京・大阪市の区のように，市税付加税を課税する。人事は区長が市役所と協議し，合意した人事を行なう。地域行政については，包括的事務事業の委譲をうける。

　このような行政区の拡充は，政令指定都市のアキレス腱である，大規模を克服するための方策として，緊急の課題である。

　第2に，非自治区は，独自の権限はないが，現在の行政区より，予算・事業の量は多く，諮問機関的な参加組織をもつ。議会は設置するが，委員会方式で市会議員などで構成され，議決権はないが，市議会と同様の政策提案・区政監視機能などを分担する。

　区長は市収入役・教育長・副市長などと同様に議会の承認をうけ，任期中の身分保証をする。課税権はないが，個人市民税均等割などの交付金を財源とする。

　特定事業について事務事業の委譲をうける。たとえば児童公園・コミュニティセンターなどである。権限も従来の区長より大幅に拡大された権限移譲をうける。市税不納欠損処分額の拡大などである。

　第3に，行政区は，区長の調整・振興予算を増額し，行政区だけでは，十分な地域行政の成果はあげられないので，地域団体の充実を図っていく。従来のような行政協力団体でなく，よりフォーマルな地域団体である。行政区はそのままであるが，ソーシャル・エコノミー型市民組織の充実であり，団体機能強化・市民参加拡充などで，実質的な区政の充実を図っていくことに

なる。
　要するに政令指定都市としては，広域行政は本庁が負担し，地域行政は行政区が負担することで，大都市の一体性と地域サービスの向上を図ることができる。行政区から非自治区，そして準自治区へと，試行錯誤をかさねて，区の自治性を充実させていくことになる。ただ大阪都と自治区に分割することは，湯水と一緒に赤子まで流してしまうことになる。広域事業は，府市連携で十分対応できるのである。
　「大阪維新の会」の新マニフェストをみれば，大阪都構想より，一般市民の共感をえやすい，特別区方式に力点をおいている。しかし，ここでも改革のメリットのみが，誇大に宣伝され，デメリットは無視されたままである。この点，拙著『虚構・大阪都構想への反論』で，くわしくのべているので，参考していただき，新マニフェストで，指摘すべき点のみを反論してみる。
　第1に，繰りかえし指摘してきたように，特別区方式は，地域主権にそった，改革とはいえない。大阪市の権限・財源・事務を，大阪都・特別区に分割配分するのであり，大阪市の権限・財源・事務が，そっくりそのまま特別区に移譲されるのでない。
　第2に，「国民健康保険，介護保険，生活保護などのセーフティーネットは広域（都）が担い」となっているが，実際，大阪都が地域生活行政を分担することはできないし，財源的にも広域行政と地域行政を，負担する能力はないはずである。
　第3に，財政調整について，「透明性の高い客観的で公平なルールに基づく財政調整制度を作ります」と，方向性を示しているが，内容・システムはない。一旦，大阪市を分割し，自治区の特別区を設置すれば，いかに透明・客観・公平なシステムをつくっても，財源不足のもとで，格差解消は，不可能である。
　現在の交付税でも，歳入の基準収入額への算入は，75％であり，25％の自由税源が認められおり，格差が制度的に発生するが，歳出で貧困層は，地域集積性があり，すくなくとも25％程度の格差が発生し，合計50％の格差が，

発生することは避けられない。

　第4に，戦前・戦後，大都市は多くの市町村合併をしてきたが，大都市は強制的に周辺市町村を合併したのではなく，合意の合併であった。しかも極論すれば，周辺市町村にとっては，寄らば大樹の陰という潜在意識があったことは否定できないが，なによりも学校・道路・福祉などあらゆる生活行政の一元化による，行政効率化をめざす，相互メリットがあったからである。

　特別区方式のデメリットで，見落とされているのが，生活サービス行政が，分断されることである。市民にとって広域行政などは，どうでもよいが，地域生活行政が，各区で異なることは，切実な問題である。

　特別区相互でも，生活道路の建設・設計，ごみ収集方式，小学校運営方針，保育所入所基準，ディケアセンターの利用資格など，さまざまの調整が発生するが，完全な処理は不可能である。自分の家の向かいのディケアセンターが，利用できない実態など，日常茶飯事の出来事になる。

　大阪都構想は，広域行政の一元化を主張しているが，実際はそれほど多くの事業はなく，むしろ特別区方式は，住民登録・生活道路・ゴミ収集などをみても，各区で煩雑な調整を余儀なくされるであろう。特別区方式は，大都市行政の反面教師であることに気付いていない。

　マニフェスト「東京の23特別区が，元の東京市に戻すと言われたら住民は地域主権に逆行すると言って猛反対するでしょう」といっているが，すくなくとも特別区長は，ほとんど特別区方式を批判しており，特別区協議会の報告書は，実質的な東京市への復帰をめざす都市連合機構方式である。

3　大阪経済振興策とカジノ構想

　橋下知事は,「大阪都構想は経済対策のためにやる」(11年1月4日,読売テレビ・ten！新春SP)と,宣言しているが,そもそも制度をいじくるだけで,経済復興がなされるのかである。橋下知事・「大阪維新の会」の大阪経済振興策は,強引で無理な論理の展開となっている。

　「大阪維新の会」の新マニフェストの経済政策の特徴は,第1に,依然として,基盤整備先行型の経済成長戦略に固執している。大阪都は「大阪成長戦略の手段」としており,「大阪都に広域行政を一元化し,都市基盤,産業基盤の整備等を進める」と明言しているが,新産業創出の具体的提言はない。また教育・福祉・環境・文化にどう対応するのか,生活行政への視点が,欠落したままで,大阪都は政府の開発公団と,類似機関に過ぎないともいえる。

　第2に,大阪市の貧困性を強調しているが,この点,大阪市の市域が狭いので,大阪郊外や阪神間の都市に富裕層が流出しており,東京都・横浜市・名古屋市などと単純に比較できない。優良住宅建設が,即応的施策である。実効性のある成長戦略のないまま,産業基盤整備がすすめば,すべてが解決するといった,安易なビジョンである。

　第1の課題は,**公共投資への評価**である。第1に,**公共デベロッパー方式への過大評価**である。橋下知事の自論は,「大阪はポテンシャルが高い地域なのに,全体のとしてプランナーが明確でないため,人,モノ,金を集める環境ができなかった。それを変える」(11年1月1日,朝日)と,大阪の潜在的成長力を強調している。

　たしかに30年前,万博がひらかれた当時の大阪は,勝ち組であったが,今日では負け組の代表となっている。どうしてこうなったか,行政に限定すれば,公共デベロッパー開発にのめりこみ,新産業の育成を怠ってきたからである。

　もし公共デベロッパー開発で,失った数千億円の財源で,コンベンション

基金・技術開発基金・文化教育振興基金を，設置していれば，大阪の潜在能力が，経済力として培養され，世界から人・もの・金を呼び込み，関空の利用客も倍増していたであろう。

　まず経済成長のエネルギー源を育成し，そのあとでインフラを整備するのが，地域開発の手順である。新産工特建設にみられたような，公共投資先行型の開発は，失敗の確率がきわめて高いのは，今や常識である。

　「大阪維新の会」の新しい，マニフェストをみても，依然として基盤整備型であり，高度成長期の地域開発戦略失敗の学習を，ほとんどしていない。

　これらの施策は，日本列島改造版の大阪版に過ぎない。これでは大阪経済復興はのぞめない。たとえば関西空港と大阪都心との連絡を重要視している。11年度政府予算でも調査費が計上されているが，大阪そのものの，空港利用需要の誘発能力がなければ，折角の道路も宝の持ち腐れとなりかねない。

　第2に，**広域・一元的行政への信奉性**が，高すぎることである。大阪維新の会の発想は，大阪の広域行政を一元化し，広域行政にかかわる財源を1つにまとめ，大阪府域全体のグランドデザインの下で，財源を集中投資する。大規模な二重投資を一掃し，都市間競争に打ち勝つ政策を一本化すると，公共投資への信奉性は崩れていない。

　さらに驚くべきことに，「府域の成長率が伸びず，経済効果が上がらないのはそれぞれが施策をバラバラに実施しているからです。広域行政を一元化するだけで何倍もの経済効果を発揮することができる」と，府市分裂が，経済成長を阻んだと，信じ込んでいる。

　にもかかわらず大阪維新の会のマニフェストは，「これら都市インフラの上をヒト，モノ，カネが流れなます。関西國際空港と阪神港はアジアと世界に開かれた二大拠点として，またアジアと日本の結節点としてアジアの成長と日本経済を引き上げます」と，成長戦略の処方箋を描いている。

　公共投資が，産業・文化を成長させるのでない。産業・文化が，公共投資を促がすのである。経済戦略としては，本末転倒で，成功するはずがない。

　橋下知事も，この経済悪環境に陥った元凶は，大阪市であり，大阪市が存

在するため，大阪経済の一元的復興行政が展開できず，どうしても司令官は，1人でなければならないと主張している。

この点は，さきの「大阪府自治制度研究会」も同意見であり，府市存在で，マイナススパイラルに陥っている。この事態を打開するため，一元行政が必要としている。

また従来「府市の間には，『市は市域，府は市域外』という区域分断的のもと，それぞれ独自に施策を展開しているが，大阪都市圏全体の課題については，お互いが我関せずとなり『依存しあい，もたれあう』という構造になっている」（報告書6頁）と，批判している。

しかし，大阪府・市が，二元主義で公共投資をすすめた結果，大きな損失をまねた，具体的投資を，列挙しなければ，一元主義は架空の理論であり，為にする理屈となる。

司令官が1人になっても，大阪経済は回復しないであろう。もともと無駄な公共投資はなかったのであり，あったのは府市ともに，投資戦略を誤っただけである。司令官が1人になっても，投資戦略を誤らない保証はない。

大阪都構想とからめて，広域・一元化が不可欠といわれているが，一元化・広域化というが，鉄道・高速道路を，大阪都が単独で整備するのと，大阪府・市が，共同事業で整備するのと，どれだけ建設コストに差があるのか，まったく同じではないか。

具体的な広域インフラとして，「阪神高速道路淀川左岸線」「なにわ筋線」「大阪市営地下鉄延伸」などがあげられているが，これら整備に必要とされる財源1兆円の財源をどうするのかである。すべて府市の財源問題であり，広域自治体を，誕生させたから解決できる問題でない。

第2の課題は，大阪都構想の経済政策・戦略の課題である。第1に，国土構造における経済集中のメカニズムへの理解が乏しいことである。11年2月4日，新日鉄・住金の合併という衝撃報道があったが，これで住金本社の東京移転は避けられない。橋下知事は，「関東圏が成長いちじるしいのは，その中心に東京都があるからだ」（同前 ten！新春SP）と明言している。

しかし，このような皮相的分析では経済の復興も心もとない。東京が発展したのは，中心に東京都が，鎮座しているからでなく，経済・国土構造が，東京一極集中のメカニズムが，稼動しているからである。

　橋下知事の大阪経済振興策をみると，陳腐な「東海道メガロポリス」構想の焼き直しである。大阪都構想をかかげる，橋下知事の経済戦略論は，「三都市圏の強化です。東京を，名古屋を，そして大阪を強くして，3都市を中央リニアで67分でつなぐ。日本の国内総生産（GDP）の7割，350兆円を稼ぐ巨大な経済圏ができるのです。実現すれば日本は一気に浮揚すると思いますね」（11年1月1日，朝日新聞）と，経済復興への自身をのぞかしている。

　リニアのストロー効果で，大阪経済の東京への流出は，拍車がかかるという，マイナスの効果をむしろ警戒すべきである。

　第2に，**産業振興政策**について，さきの大阪府報告書は，「バイオ，ロボットなどの大阪の強みを活かし，厳しさを増す国際的な競争に打ち勝つには，大阪都市圏，さらには関西ワイドの視点にたって，取り組んでいくことが必要」（同前7頁）と，提言しているが，当たり前の方針である。

　橋下知事の経済戦略をみると，都市間競争時代の到来を告げている。「国が国全体の成長を担う時代はもう終わり。今は国際的に都市が競争する時代です。世界はこれまで国を面でとらえ，全体として発展させよとしてきたが，グローバル時代になって企業が都市と都市の間を自由に行き来するようになる中，国内の都市を成長させ，点と点を結ぶ戦略に変わった」（11年1月1日，朝日新聞）と，グローバル化時代の経済戦略を方向づけている。

　しかし，都市と都市との対抗は，まさに都市であり，大阪府でなく大阪市の経済開発能力であって，州とか府県とかの中間行政団体ではない。しかも官民一体となった，技術プロジェクトの輸出でも，大阪府より大阪市のほうが，蓄積・分野において優れている。

　水道事業・交通事業・市街地再開発・文化施設（動物園・水族館）などをみても，歴然としている。大阪府・市が連携しなければ，円滑にはいかない。かりに大阪都構想が実現するにしても，10年間は，制度改正・組織再編成で，

行政はごたごたし，外部への技術供与どころではないであろう。

　しかも国の役割は，国際競争においては，ますます重要となっており，原子力発電・高速鉄道など，国・企業が一体となっての，開発・販売が不可欠な情勢となっている。

　第3に，もともと自治体の経済振興策といっても，企業誘致ぐらいで，自治体の直営方式の観光開発・市街地再開発・埋立事業などのほとんどが，失敗している。自治体はもっと地道な施策，中小企業融資・技術奨励・伝統的景観保全などを，手がけるのが，本来の行政がなすべきことである。

　橋下知事の経済振興策をみると，構想の割には，カジノ・テーマパークなどの際物プランナーだけが目立つ。しかもこれら施策も，なにかと物議をかもしている。

　第1に，経済振興策では，目立った実績はない。8年12月1日，吹田市の遊園地「エキスポランド」跡地に米・映画大手，「パラマウント・ピクチャーズ」のテーマパークを，誘致する構想を，明らかにしている。しかし，大阪市のＵＳＪと競合し，共倒れになることは，必至である。東京ディズニーランドに勝つ，秘策・戦略はあるのかである。

　第2に，「水都大阪2009」について，9年4月16日，大阪市市長・大阪府知事・関西経済連合会会長（住友金属工業会長下妻博）が集まった，実行委員会で，橋下知事は「50日間のイベントが終わった後，水の回廊がどのように変わるかという具体案が，私には見えなかった。府として，効果がみえないところにお金は出せない」（読売新聞・前掲書150頁）と，反対した。

　5年越しで積み上げてきた計画の白紙撤回を，求める意見であった。もっとも「水都大阪2009」は，橋下知事の申し出で，再浮上し，開催にこぎつけ，文字どおり「呉越同舟」で，府知事・大阪市長が，船上会談を楽しんでいた。

　橋下知事の常套手段である，マッチ・ポンプ戦術で，関係者を困惑させ，自己の存在感をアピールし，最後は元の鞘におさめる演出である。大阪財界が，府市紛争を，"じれあっている"とみなしているのは，あながち的外れでないが，知事の言動に振り回される，大阪市長の我慢も，限度があるであ

ろう。

　第3に，懸案の空港問題では，伊丹空港・関西空港の統合運営への足がかりをつくった，功績が認められるが，実施は難航している。空港問題との関連では，橋下知事のいらざる失言があった。

　全国知事会で沖縄の痛みを，全国で受け止めるべきと発言し，大阪府は関西空港で検討してもよいと提案していた。再選を決めた仲居沖縄県知事が，普天間移設をめぐる視察先として関西空港を実地視察したいのと意向を示したが，橋下知事は「関空は伊丹（大阪空港）との経営統合の流れが決まっており，申し訳ないがそういう状況ではない」（10年11月30日，朝日新聞）と明確に否定した。そのうえで，関西でも移転先候補として，「将来性が見えない神戸空港を見てもらいたい」（同前）と代替先を提示した。

　矢田神戸市長は「（普天間の移転先など安全保障にまつわることは）国が決めることなので，コメントはない」（10年12月1日，朝日新聞）との，知事発言を黙殺する，大人の対応で処理している。

　第4に，「カジノ」構想であり，現在，橋下知事が，はまっている振興策である。橋下知事は，従来から「カジノ」の信奉者である。「カジノが重要な視点になる。大阪はアジアの拠点を目指していく」（9年9月25日，大阪湾岸活性化を検討する会合で），「稼ぐ方法を考えるのが政治家の知恵の見せどころ。増税やるくらいならカジノ。国の目を覚まさせてほしい」（10年7月9日，有識者による府検討会初会合で），「日本はギャンブルを遠ざけるが故に，坊ちゃん嬢ちゃんの国になっちゃった。小さいころから勝負を積み重ね，勝負師にならないと世界に勝てません（10年10月28日，カジノ合法化をめざす国会議員らの会合）（10年12月24日，朝日新聞）と，カジノ賛美を繰りかえしている。

　橋下知事はマカオのカジノを核とするリゾート施設を視察し，帰国の記者会見で，7500人の雇用効果があることに感心し，大人の5,000円程度で遊べることが，魅力的な点として，アピールしている。

　橋下知事は，10年3月にカジノ特区を申請し，却下されているが，10年7月に有識者による検討会を設けて，依存症や犯罪の防止，青少年や地域環境

Ⅲ　ポピュリズムの政策検証

への対策などを検討中である。しかし，カジノにしても，事業化しても，必ず収益があがる保証はない。

　いずれにせよ橋下知事の経済振興策は，テーマ・パークとカジノ構想であり，正攻法の施策は乏しい。しかもみてきたように橋下知事自身が，なにかと物議を引き起こしており，政府・財界・関係自治体も，協力を渋るのではなかろうか。

　大阪経済の振興も，混迷をつづけているが，憂慮されるのは，橋下知事の異様な言動・施策が，暴走していけば，大阪府の地方自治もまた混迷し，さまざまの弊害が，顕在化し，現実のものとなってくることである。

　第1に，「専制的支配への傾斜」。第2に，「市町村自治の崩壊」。第3に，「地方政治の大政翼賛化」。第4に，「ポピュリストの横行」。第5に，「経済優先政策の再来」である（拙稿・「大阪都構想と橋下ポピュリズム」『世界』2月号参照）。

　河村市長の場合，一度，市長として思う存分，減税・減量経営をやらせて，どうなるか社会実験をしてみるのも，市民教育の視点から，有効かもしれない。

　橋下知事の場合，大阪都構想もあり，一度，都制をつくると廃止し，大阪市の再設置は，きわめて困難となる。さらに大阪都構想をめぐっての抗争は，長期にわたることが予想され，早期に決着をつけなければ，大阪経済の衰退に，拍車がかかるであろう。

Ⅳ　ポピュリズムとマスメディア

Ⅳ　ポピュリズムとマスメディア

1　マスメディアと世論形成

　橋下知事は,「僕が大阪府知事として, リーダーシップを発揮していると, 人の目に映っているとするなら, それは選挙で直接選らばれているから。しかもそこで183万票という大量の票を得たからです。人事や予算における指揮, 命令の権限は, こうした民意に裏打ちされてはじめて制度的に担保されます」(11年1月1日, 朝日新聞）と, 選挙での絶大な信任が, 自己の政治・行財政施策への正当性を, 付与するものと, 自信を深めている。

　この支持率と正当性のギャップこそ, 民主主義のジレンマであり, 大衆社会のアキレス腱でもある。すなわち選挙が, 大衆社会では, 必ずしも最適の選択をなすとは, 限らないことである。

　戦前は買収・違法行為が行われ, 選挙浄化運動が展開された。マスメディアが発達した, 今日の大衆社会では, 討論より人気が, 政策よりムードが, 優越的影響力をもち, 選挙結果を大きく左右する。

　ただ民主主義は, 議会における討議・少数派意見の尊重など, 勝利者が暴走しないよう, 民主主義の運用原則を定めている。だが原則は, あくまで政治姿勢の問題であり, ポピュリストが, 一元的支配をめざし, 民主主義のルールも無視し, 議会と対決し, 個別施策について, 十分な討議をしない, 状況を意図的につくりだしている。しかもマスメディアと融合すると, 地域民主主義の崩壊は, 避けられない。

　市民討議の重要性は, 首長選挙のみでなく, 政策選択肢においても, 同様である。大阪都構想について, 橋下知事は, 内容の公表を, かたくなに拒否し, 政策論議なしのキャッチフレーズ・ムードのみの選択を, 大阪市民に迫っている。情報化・大衆化社会がうみだした, 大衆扇動・迎合型のポピュリズムの台頭は, 憂慮すべき状況にある。

　第1に, 地方政治における**マスメディアの影響力**が, ポピュリズムに有利

に作用している。「われわれの政治認識は，主にメディアの情報がもととなって形成される」(竹下俊郎ら『メディアと政治』1頁，以下，竹下・前掲書) といわれるように，大衆社会における市民は，マスメディアの情報によって，政治家の素質を，推測するしかない。

政治報道でも，ソフト化・娯楽化がすすんでおり，知名度のある，ポピュリストが，圧倒的に有利である。ポピュリストはテレビで，持論の披露ができるが，反論者が反論をあびせるシナリオにはなっていない。

公職選挙法は，公正な選挙というが，実質的には形骸化していることは，小泉郵政選挙で，実証ずみである。

しかもこの支持率は，市民討議の洗礼をうけておらず，それは擬似支持であり，公共性をもった世論，厳密には輿論にもとづくものでなく，単なる風評の類で，選挙結果すら正当性を付与できないのである。

第2に，**ポピュリズムのマスコミ支配**が，定着しつつある。マスメディアが，ポピュリストをつくりあげていったが，ポピュリストが，政権につくと，ポピュリストが，マスメディアを誘導するという，主客転倒がおこっている。

橋下大阪府知事，河村名古屋市長，竹原前阿久根市長は，共通して公務員給与・議員報酬の引き下げを，提唱している。ニュースは，報道であるため，当然，これら首長の削減意見を紹介し，その意図を説明していくが，ニュース自体が，ポピュリストにとって，絶好の自己PRとなる。

要するにポピュリストが，政治・行政情報のテーマを，選択し脚色して，電波にながす，実質的な主導権をもっており，マスメディアの政治的中立性は，砂上の楼閣にも等しい。

たとえば「2010年夏の段階では，マスコミは『大阪都』『大阪府の再編』という表現を用いることが多い。本来『大阪都（大阪市等の廃止）』と報道されてしかるべきところを，それが回避されているのは，知事のイメージ先行戦略の成功，マスコミの解説力の低さ，あるいは大阪市側の対応の弱さの反映と見るべきかもしれない」(村上・前掲書247頁) と，マスコミの対応は，批判されている。

Ⅳ　ポピュリズムとマスメディア

　テレビでは時間の制約，新聞では紙面の制約もあり，ニュースを伝えるだけで，しかも客観報道という，マスメディアの自己規制によって，反対・批判論の報道スペースは，小さい。結果としてポピュリストサイドは，世論形成において，圧倒的に有利となる。
　ポピュリストは，意図的に現行制度の欠陥・運営の拙劣さを，煽り立て，つぎつぎと改革ビジョンを打ち出している。このことで，地域社会の閉塞状況脱皮への期待感を増幅させ，大きな支持率を，獲得していく戦略をくりひろげている。
　第3に，**マスメディアの娯楽化・ソフト化**である。現在のマスメディアは，ポピュリズムにとって，きわめて都合のよい，制御しやすいツールである。ポピュリズムは，大阪都構想にしても，政策論争を回避し，市民の感性に訴える，戦術を得意としている。
　マスメディア，ことにテレビは，娯楽化・ソフト化がすすみ，宣伝をするが，議論をしない編成・構成となっている。橋下知事は，メディアがほしがる報道を，つねに提供する，サービス精神にとんでいる。
　カジノ構想・テーマ・パーク誘致，知事育児休暇・エリート高校優遇・小学校芝生化・「大阪維新の会」・市長選挙介入・大阪市攻撃など，毎日のようにメディアに登場している。
　このように自己の人気・支持率を維持していれば，ポピュリストは，メディアをつうじて，施策の内容を明確にし，政策の信託をうける意図はなくなり，事実，その必要性もなくなる。
　その完璧な手法は，小泉政権であった。小泉流は，「『ワンフレーズ・ポリティクス』と言われた。短い時間で人々の心をとらえるフレーズを駆使する」（竹下・前掲書211頁）方法で，メディアを利用した。
　2005年の「刺客」作戦も，「善悪二元論そのものだった。………テレビのワイドショーで話題の中心となり，政策論争など，どこかへ吹き飛んでしまった」（同前211頁）。結果として「テレビの特性を熟知した劇場型の政治手法を通じて，高い内閣支持率を誇った小泉政治の真骨頂だった」（同前）ので

ある。

　第4に，ポピュリストは，**脱法・意図・詐術的な情報操作**によって，大衆の心をつかみ，知識人すら洗脳している。大阪都構想にみられる，「7,000億円の二重行政」は，今やメディアにも浸透しているが，実際はその1,000分の1もない。

　ポピュリストが，意図的に流布する，刺激的情報を，メディアは，容易に信頼するからである。たとえば鹿児島県阿久根市における，1人当り市民所得水準と公務員給与水準，1人当りの大阪市・横浜市の職員数などの比較は，虚偽の数値ではないが，形式的数値比較は，多くの場合，誤った判断を，市民に植えつけている（高寄・前掲書33～35頁参照）。

　しかもマスコミは，その数値の信憑性を，精査する義務はないので，ポピュリストは，マスコミを甘くみて，勝手な論理を展開して，独善的構想を正当化していく。たとえば大阪府・市が共存するため，大阪経済がマイナススパイラルに陥っていると，大阪経済の低迷を強調しているが，実際は府市ともに，公共デベロッパーに失敗したことが原因である。

　ポピュリストは，マスメディアだけでなく，個人メディアを駆使して，自己の主張を市民に訴え，相手を攻撃する。象徴的事例は，阿久根市市長選挙での，竹原市長のブログの悪用は，予想外の手法であった。

　従来，選挙情報は，マスメディアの「供給者指導型」であったが，インターネットは，「利用者主導型」のメディアである。ブログ使用について，竹原市長は「総務省や市選管の公選法の解釈は間違っている」（08年9月1日，朝日・鹿児島版）と，抗弁している。

　今後，違法・不当をしりながら，情報戦術を展開する非常識人が，ものごとを有利にすすめる，社会的土壌が，培養されていくかもしれない。

　第5に，**ポピュリストへの期待感**が，高い支持率に連動している。ポピュリズムへの高支持率は，ポピュリスト個人の政治素質・行財政手腕にもとづく支持でなく，単なる変革への淡い望みが，高支持率につながっている。ポピュリズムは，壮大なビジョン，妄想的な改革案でもって，市民の期待を取

り込んでいる。

　大阪都構想で，大阪を改革し，世界で5指にはいる都市をつくるなど，夢ばかりを大きく膨らませているが，一方，大阪圏が内蔵する貧困対策は，無視されたままである。この非現実性こそ，ポピュリズムの身上なのである。

　重要なことは，メディアが，政治過程でになうべき，ミラー機能（人々が自由に意見表明と議論を行う場を提供する），アリーナ機能（人々が自由に意見表明と議論を行う場を提供する），アクター機能（メディア自体の主張を直接に表明する）を，十分に稼動させていないので，ポピュリズムは，容易に市民を洗脳し，自己に有利な選択へと，誘導することができる。

　ポピュリストの構想に限って言えば，第1に，**大阪都構想の具体的内容が**，なんら提示されていないので，マスコミは，橋下知事の談話をつうじて，大阪市抹殺，特別区創設で，大阪再生ができると，構想のメリットだけを報道する。具体的内容のないものを，大々的に報道すること自体が問題である。

　これではマスコミは，ミラー機能を発揮していないのみでなく，アリーナ・アクター機能も，機能不全のままといえる。このような状態は，ポピュリズムの筋書きどおりの推移であり，ポピュリスト支持の大きな要素である。

　第2に，ポピュリズムの施策は，常識的現実的な視点からみて，**疑問・矛盾・曖昧な点が**，きわめて多い。その構想がもつ，非自治的性格・制度的欠陥・政策的離齬などについての，追求はきわめて少ない。

　むしろポピュリストによって，そのメリットのみが，誇大宣伝されている。結果として施策への支持率が高い。オーソドックスな政治学では，説明のつかない，摩訶不思議な現象が，罷り通っているのである。

　河村市長が，かかげる「中京都構想」も，曖昧模糊としている。「名古屋市を分割せず，無駄の削減によって減税財源を生み出すことが主眼，①愛知・名古屋市の合体　②強力で唯一の司令塔　③重複行政の徹底排除を」(10年12月22日，朝日参照）掲げている。

　名古屋市を分割しない，中京都構想とは一体，何なのか，都構想といえない代物ではないか。また減税して，使用料・手数料を引き上げているが，そ

れでは減税効果はマイナスではないか。

　さらに「強力で唯一の司令塔」の司令官は，市長でなく知事であり，名古屋市は当然，愛知県の風下にたたされ，費用のみを負担させられる，悲哀をみることは，歴然としている。

　第3に，ポピュリズム施策の弱点・欠点への追求・指摘は，棚上げされたままである。たとえば，河村市長のトリプル選挙戦略は，選挙を私物化する行為である。単に盟友の大村愛知県知事候補者を，支援するだけの，市長辞職・選挙出馬であり，選挙費2.4億円の浪費である。

　このような政治的選択は，選挙に勝つには，直接参加手法の乱用，公費の不当支出も，意に解さない，ポピュリズムの打算的戦術といえる。

　河村市長のいう，減量経営・議会改革も，結局は自分勝手な理屈であり，減税運動にしても，自己顕示の手段とみなされても，抗弁できないのではないか。それを市民が拍手・喝采で賞賛しているのが，ポピュリズムの危険性である。

　大阪都構想にしても，地方制度改革というには，あまりにも大阪府に，都合のよすぎる改革であり，その背後に潜む府県集権主義・橋下支配体制強化に，警鐘をならすにまでには至っていない。卑近な警戒すべき兆候が，橋下知事による首長選挙への介入である。地域政党の弊害は，一段と増殖されていくであろう。

　ポピュリストは，メディアの落し子であり，そしてメディアが，傲慢な肥満児にまで，育てたといえる。ある意味では，胎児の時から，抜群の知名度で，高支持率をもって誕生している。

　そして世論調査によって，その高支持率が立証され，ポピュリストの傍若無人ぶりの言動にも，免罪符をえられている。しかし，ポピュリズムの危険な政治的行動と，それをささえる世論の高い支持率への疑惑が，禁じえない。一体，世論とは何かを，その形成過程から，あらためて考えなおさなければならない。

　世論の定義は，多義的であるが，「世論とはある社会内で，ある争点に関

して有力なるものと認知されている意見」(竹下・前掲書117頁)と，教科書的には定義されている。

　第1に，**市民的討議をえた意見**が，世論であって，ポピュリストがいう，世論の支持は，必ずしも市民的討議をえた，市民的理性の多数の意見とはいえない。そして情報提供・相互討論がなければ，大衆は，必ずしも合理性のある，行動・選択ができるはずがない。

　第2に，「世論と輿論」とを区分して，政治を分析すべきである。「輿論は公衆の社会的意識が組織化されたものであり，世論とはまだ認識の対象となっていない心理状態，つまり気分や雰囲気の表出である」(佐藤卓也『世論と輿論』32頁，以下，佐藤・前掲書)といわれている。

　大衆意見の成熟度として，「『固体化－液体化－気体化』が『輿論－輿論の世論化－世論』」とイメージされた」(同前32頁)のである。すなわち世論は，市民的理性によって，十分に討議された，社会的濾過装置をつうじて醸成されていない。すなわち世論といっても，風評であり，情報開示と相互理解によって形成された合意が，輿論ということになる。

　橋下知事は，「ダメ大阪市」を，抹殺するために，「大阪都構想」を推進する。河村市長は，「1割減税」によって，名古屋市を再建するという論法は，形成過程における，市民討議を省略した，メディア的民主主義に後押しされた，ビジョンである。

　ポピュリズムは，民主主義が定着したことで，戦後，鳴りをひそめていたが，現在，ふたたび権威的パーソナリティをもった，政治家の登場で，あらためてメディアと，政治の関係が，とわれる事態となった。メディアが，実際の実績より以上の偶像を，つくりだしたのではないか。

2　マスメディアと政治的中立性

　ここにメディアの「客観報道」の問題が，検証されなければならないが，「客観報道」すら，次第に神話になりつつある。歴史的には戦争における戦時プロパガンダとして，メディアは利用された苦い経験がある。
　「ジャーナリストは，事実それ自体が信頼されえず，事実それ自体は幻想をつくり出すために容易に利用された」（大石裕ら『現代ニュース論』186頁参照）のである。メディアが権力集団から，独立した団体であることが，次第に崩れつつある。
　ポピュリズムにとって，好ましい症状で，マスメディア，ことにテレビの「ソフトニュースへの傾斜」（竹下・前掲書82頁）は，ポピュリズムへの貢献度は大きい。ソフトニュースは，「①公共政策の要素の欠如　②センセーショナルな取り上げ方　③人間的興味に訴えるテーマ　④犯罪や災害などドラマチックな題材の強調などである」（同前）といわれて，報道テーマの選択・姿勢に，問題がある。
　たとえば「政治・経済などの公共的問題を取り上げる場合でも，政策にかかわる事柄よりも，関連する行動主体の動機や思惑などに焦点をあわせる場合」（同前）といわれる，編制方針などである。
　たしかに客観報道は，むずかしい状況にある。第1に，メディアのソフト化・娯楽化である。第2に，客観報道それ自体が，客観報道ではなくなっている。第3に，客観報道を補完する報道が，必ずしも十分なものでない。
　マスメディアの政治的中立性とは何かであるが，実際の報道現場では，客観的報道が，困難の状況が発生する。河村市長が，知事選応援のため，市長辞職・選挙出馬について，「ダブル選挙に河村氏が出ることで，ともに行動する知事候補も一緒にテレビや新聞に登場し，知名度を上げるという期待もあるようだ。そうだとすれば，メディアも冷静な報道になるよう自戒しなけ

Ⅳ　ポピュリズムとマスメディア

ればならない」（10年12月21日，朝日社説）と，自粛を説いている。

　輿論形成・客観報道の問題をみても，マスメディアの政治的中立性は，大きく揺らいでいるが，そのことは地方自治・地方政治においては，より深刻な危機と化している。選挙・政策の選択において，競争条件平等の原則（イコールフッティング）が保証されているのであろうか。

　たとえば，大阪都構想は，宣伝機会に恵まれている。11年1月1日，朝日新聞「オピニオン・ニッポンver2.0」で，橋下知事を登場させ，「大阪都その先に首相公選」の見出しで，紙面の3分の1以上を割き，大きくあつかっている。大阪府知事は，リーダーシップ，「大阪維新の会」，大阪都構想，3都ビジョンなど，得々と持論を展開している。

　記事としては面白いが，ポピュリズムの風潮を，警戒するならば，掲載を自重するか，対立する平松大阪市長を，なんらかの企画で，反論の機会を与えなければ，ポピュリズムに与したとの，謗りを免れないのでないか。

　実際，記事は選挙をひかえて，「大阪維新の会」に有利なプロパガンダ効果を，発揮したことを否定できず，橋下知事のカリスマ的魅力を，増幅させたといえる。

　このようにみてくると，メディアが，かかえる課題は多い。第1に，**権力批判の姿勢**をみても，たしかにマスコミは，新聞は政権に批判的な野党性を，伝統としてきたが，「政治報導のソフト化，娯楽化」（竹下・前掲書241頁）で崩れた。

　しかも小泉政権にみられるように，「メディアは小泉を大胆な改革者として扱った」（同前245頁）のである。ポピュリズム政治の弊害を，マスメディアは，小泉政権で学んだはずであるが，その姿勢は余り変わっていない。

　第2に，「**世論形成機能**」をみても，「マスメディアの影響力の資源として最も重要なものは世論形成能力」（同前33頁）であり，その恩恵は，一般的には社会的弱者・被害者に及ぶといわれている。

　しかし，地方政治における，ポピュリズム対反ポピュリズムでは，権力者であるポピュリストが，メディアの恩恵を，より多くうけている。

権力サイドから，世論の形成が操作されると，「虚構の公益」が，形成されていく，このような合意は，「そもそも合理性の基準が欠けている。公共的に議論される事態にたいする知的批判は，公的に演出される人物や擬人化へのムード的順応に席をゆずり，合意（consent）は知名度（publicity）がよびおこす信用（good will）と一体化する」（ハーバーマス・前掲書263頁）といわれている。

　第3に，<u>権力者</u>による<u>メディア操作</u>である。実際に小泉政権は，総選挙を郵政選挙に争点を絞り，「政権が議題設定の主導権を握り，メディアはそれへの追随を余儀なくされた」（竹下・前掲書106頁）のである。

　「政治家は情報をどこへどう流して，状況をつくるのか。記者はそれに乗らないようにし，つねに批判的な眼力を持って，取材先と対峙できるのか」（同前167頁）と，メディアの覚悟が求められている。

　第4に，メディアの「<u>社会的責任論</u>」も，まず視聴率至上主義が，大きな壁であり，人気タレント政治家への翼賛報道から，脱皮できるのかである。要するにメディアの<u>中立性</u>のむずかしさであり，大嶽秀夫氏がいうように，ポピュリズムに対する，メディアのワイドショウ的番組は，政治報道からみて，邪道であると非難されている。

　たとえば「第1に，アメリカでは，テレビはテレビ映えする政治家の人気を上昇させるが，新聞は………辛辣な批評や解説で，それを中和・解毒するという役割分担がある。第2に，日本のメディアにおいては，その横並び体質と視聴者に媚びる性質がとくに強い。第3に，報道番組における娯楽性の強調といっても，日本の場合，何といってもテレビでの発言が世論に対してもつ権威を無視することはできない。」（大嶽・前掲書236・238頁）のである。

　メディアの機能として，世論喚起・形成機能があるが，逆にポピュリストに正当な地位・威信を与え，権威を高める機能も，果たしうるのである。このような「ニュースの逆機能」は，虚報や誤報でなくとも，メディアが権力者と妥協し，すり寄ることで，無意識にポピュリスト賛美の手助けとなる。

　このような状況は，「日本社会には，ポピュリズムの登場に抵抗する力が

決定的に不足しており，（あきさせる）『時間』という解毒剤に頼らざるを得ないのが現状である」（同前238頁）が，有効な治癒策・撃退策がないまま，諦めの状況では，困るのである。

　読売新聞グループ会長の渡邉恒雄氏は，「マスメディア政治全盛時代のなか，どのようにして退廃したポピュリズムを克服できるのか。結局その役割は，現場の政治家や低俗化したメディアではなく，洗練され，かつ勇気を持った新聞記者，及び表現力が豊かで透徹した世界観を持つ学者といった強靭な知識人が，使命として背負うのではないか」（渡邉恒雄『わが人生記』137頁，中公新書ラクレ，2005年）といわれている。

　しかし，これはテレビの責任放棄であり，新聞・知識人が，テレビに対応できない。テレビが，視聴率至上主義のもとで，報道の中立性・討議性を追求できる，番組企画を考案すべきである。

　また根本的課題は，むしろ市民サイドにある，「自らの責任で支持する意見を担うことは，周囲の空気を読むことより何倍，いや何十倍も骨の折れる作業である。それだけの時間と労力が輿論を生み出すためには必要なのであり，人々がその自覚をもつ限り『輿論は民主主義の基礎』となるだろう」（佐藤・前掲書315頁）といわれている。

　しかし，一般市民に討論への参加を呼びかけ，輿論を形成することは，大衆社会では困難であり，マスメディアが，明確な論点を報道しないかぎり，一般大衆の参加は少なく，メディアの奮起に期待するしかない，絶望的な状況にある。

参考文献

ハーバーマス著・細谷貞雄訳『公共性の構造転換』未来社　1973
大嶽秀夫『日本型ポピュリズム』中央公論新者社 2003
佐藤卓巳『輿論と世論』新潮社　2008
河村たかし『名古屋から改革を起こす』飛鳥新社　2009
読売新聞大阪本社社会部『徹底検証「橋下主義」』梧桐書院　2009
高寄昇三『政令指定都市がめざすもの』公人の友社　2009
村上　弘「『大阪都』の基礎研究」『立命館法学』2010 年 3 号
高寄昇三『大阪都構想と橋下政治の検証』公人の友社　2010
高寄昇三『虚構・大阪都構想への反論』公人の友社　2010
山口二郎『ポピュリズムへの反撃』角川書店　2010
蒲島郁夫・竹下俊郎・芹川洋一『メディアと政治・改訂版』有斐閣　2010

[著者略歴]
1934年　神戸市に生まれる。
1959年　京都大学法学部卒業。
1960年　神戸市役所にはいる。
1975年　「地方自治の財政学」にて「藤田賞」受賞。
1979年　「地方自治の経営」にて「経営科学文献賞」受賞。
1985年　神戸市退職。甲南大学教授。
2003年　姫路獨協大学教授。
2007年　退職。

[著書]
『市民自治と直接民主制』、『地方分権と補助金改革』『交付税の解体と再編成』、『自治体企業会計導入の戦略』、『自治体人件費の解剖』、『大正地方財政史上・下巻』、『昭和地方財政史第1巻』『政令指定都市がめざすもの』『大阪都構想と橋下政治の検証』『虚構・大阪都構想への反論』（以上、公人の友社）、『阪神大震災と自治体の対応』、『自治体の行政評価システム』、『地方自治の政策経営』、『自治体の行政評価導入の実際』、『自治体財政破綻か再生か』（以上、学陽書房）、『現代イギリスの地方財政』、『地方分権と大都市』、『現代イギリスの地方自治』、『新地方自治の行政学』、『新・地方自治の財政学』、『明治地方財政史・Ⅰ～Ⅴ』（以上、勁草書房）、『高齢化社会と地方自治体』（日本評論社）、その他多数。

地方自治ジャーナルブックレット No54
大阪市存続・大阪都粉砕の戦略　～地方政治とポピュリズム～

2011年2月25日　初版発行　　定価（本体1,200円＋税）

著　者　　高寄　昇三
発行人　　武内　英晴
発行所　　公人の友社
　　　　　〒112-0002　東京都文京区小石川5-26-8
　　　　　TEL 03-3811-5701　FAX 03-3811-5795
　　　　　Eメール info@koujinnotomo.com
　　　　　http://www.koujinnotomo.com

大正地方財政史・上下巻

高寄昇三（甲南大学名誉教授）　Ａ５判・上 282 頁、下 222 頁　各定価 5,250 円
　　　　　（上）ISBN978-4-87555-530-8 C3030　（下）ISBN978-4-87555-530-8 C3030

大正期の地方財政は、大正デモクラシーのうねりに呼応して、中央統制の厚い壁を打ち崩す。義務教育費国庫負担制の創設、地方税制限法の大幅緩和、政府資金の地方還元など、地方財源・資金の獲得に成功する。しかし、地租委譲の挫折、土地増価税の失敗、大蔵省預金部改革の空転など、多くが未完の改革として、残された。政党政治のもとで、大正期の地方自治体は、どう地域開発、都市計画、社会事業に対応していったか、また、関東大震災復興は、地方財政からみてどう評価すべきかを論及する。

（上巻）1　大正デモクラシーと地方財政　2　地方税改革と税源委譲
　　　　3　教育国庫負担金と町村財政救済　4　地方債資金と地方還元
（下巻）1　地方財政運営と改革課題　2　府県町村財政と地域再生
　　　　3　都市財政運用と政策課題

昭和地方財政史　第一巻
地域格差と両税委譲　分与税と財政調整

高寄昇三（甲南大学名誉教授）　Ａ５判・394 頁、定価 5,250 円　ISBN978-4-87555-570-4 C3033

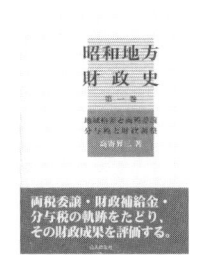

本書は、昭和 15 年の地方財政改革の効果を分析して、集権・分権のいずれが、地方財政改革における、適正な政策的対応であったかを、検証する。
　第 1 章　地方財政と地域格差
　　1　経済変動と地方財政構造、2　地方税改革と負担不均衡
　第 2 章　地方税改革と税源委譲
　　1　両税委譲と馬場地方税改革、2　昭和 15 年改革と地方税体系
　第 3 章　地方財政改革と財政調整制度
　　1　国庫補助金と財政補給金、2　地方分与税と小学校費府県化
　第 4 章　昭和 15 年改革の総括評価
　　1　財源調整・保障効果の分析、2　地方財政再編成の政策検証

総括・介護保険の 10 年　～2012 年改正の論点～

編者 **鏡　諭**　著者 **介護保険原点の会**　Ａ５判・200 頁　定価 2,310 円
　　　　　　　　　　　　　　　　　　　　ISBN978-4-87555-566-7 C3030

　介護保険創設に関わった厚生省・自治体職員の研究会「介護保険原点の会」メンバーが、介護保険の 10 年を総括し、この後やって来る 2012 年改正に向けた課題・論点の整理を行おうという企画から生まれた貴重な記録です。
　自治体・国の担当者はもちろん、介護事業者・職員、研究者など介護保険に関わるすべての人の必読書です。

第 1 部　介護保険原点の会・合宿
第 2 部　討論 2012 年改正に向けて　政策課題と論点
第 3 部　復命記録に見る介護保険の政策論点

「自治体憲法」創出の地平と課題
―上越市における自治基本条例の制定事例を中心に―

石平春彦(新潟県・上越市議会議員)　Ａ５判・208頁　定価2,100円
ISBN978-4-87555-542-1　C3030

「上越市基本条例」の制定過程で、何が問題になりそれをどのように解決してきたのか。ひとつひとつの課題を丁寧に整理し記録。
現在「自治基本条例」制定に取り組んでいる方々はもちろん、これから取り組もうとしている方々のための必読・必携の書。

　　はじめに
　Ⅰ　全国の自治基本条例制定の動向
　Ⅱ　上越市における自治基本条例の制定過程
　Ⅲ　上越市における前史＝先行制度導入の取組
　Ⅳ　上越市自治基本条例の理念と特徴
　Ⅴ　市民自治のさらなる深化と拡充に向けて

自治体政府の福祉政策

加藤　良重著　A5判・238頁　定価2,625円　ISBN978-4-87555-541-4　C3030

本書では、政府としての自治体（自治体政府）の位置・役割を確認し、福祉をめぐる環境の変化を整理し、政策・計画と法務・財務の意義をあきらかにして、自治体とくに基礎自治体の福祉政策・制度とこれに関連する国の政策・制度についてできるかぎり解りやすくのべ、問題点・課題の指摘と改革の提起もおこなった。

　第1章　自治体政府と福祉環境の変化　第2章　自治体計画と福祉政策
　　第3章　高齢者福祉政策　第4章　子ども家庭福祉政策
　　第5章　障害者福祉政策　第6章　生活困窮者福祉政策
　　第7章　保健医療政策　第8章　福祉の担い手
　　第9章　福祉教育と福祉文化　＜資料編＞

鴎外は何故袴をはいて死んだのか

志田　信男著　四六判・250頁　定価2,625円　ISBN978-4-87555-540-7　C0020

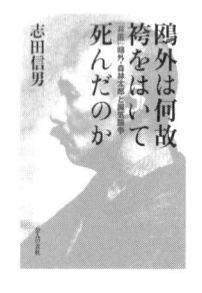

「医」は「医学」に優先し、「患者を救わん」（養生訓）ことを第一義とするテクネー（技術）なのである！

陸軍軍医中枢部の権力的エリート軍医「鴎外」は「脚気病原菌説」に固執して、日清・日露戦役で3万数千人の脚気による戦病死者を出してしまう！
そして手の込んだ謎の遺書を残し、袴をはいたまま死んだ。何故か！？
その遺書と行為に込められたメッセージを今解明する。

自律自治体の形成　すべては財政危機との闘いからはじまった

西寺雅也（前・岐阜県多治見市長）　　四六判・282頁　定価2,730円
ISBN978-4-87555-530-8 C3030

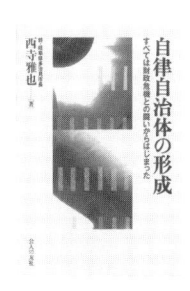

多治見市が作り上げたシステムは、おそらく完結性という点からいえば他に類のないシステムである、と自負している。そのシステムの全貌をこの本から読み取っていただければ、幸いである。
（「あとがき」より）

I　すべては財政危機との闘いからはじまった
II　市政改革の土台としての情報公開・市民参加・政策開発
III　総合計画（政策）主導による行政経営
IV　行政改革から「行政の改革」へ
V　人事制度改革
VI　市政基本条例
終章　自立・自律した地方政府をめざして
資料・多治見市市政基本条例

フィンランドを世界一に導いた100の社会政策
フィンランドのソーシャル・イノベーション

イルッカ・タイパレ - 編著　山田眞知子 - 訳者
A5判・306頁　定価2,940円　ISBN978-4-87555-531-5 C3030

フィンランドの強い競争力と高い生活水準は、個人の努力と自己開発を動機づけ、同時に公的な支援も提供する、北欧型福祉社会に基づいています。民主主義、人権に対する敬意、憲法国家の原則と優れた政治が社会の堅固な基盤です。
‥‥この本の100余りの論文は、多様でかつ興味深いソーシャルイノベーションを紹介しています。‥フィンランド社会とそのあり方を照らし出しているので、私は、読者の方がこの本から、どこにおいても応用できるようなアイディアを見つけられると信じます。
（刊行によせて - フィンランド共和国大統領　タルヤ・ハロネン）

公共経営入門 ─公共領域のマネジメントとガバナンス

トニー・ボベール／エルク・ラフラー - 編著　みえガバナンス研究会 - 翻訳
A5判・250頁　定価2,625円　ISBN978-4-87555-533-9 C3030

本書は、大きく3部で構成されている。まず第1部では、NPMといわれる第一世代の行革から、多様な主体のネットワークによるガバナンスまで、行政改革の国際的な潮流について概観している。第2部では、行政分野のマネジメントについて考察している。………本書では、行政と企業との違いを踏まえた上で、民間企業で発展した戦略経営やマーケティングをどう行政経営に応用したらよいのかを述べている。第3部では、最近盛んになった公共領域についてのガバナンス論についてくわしく解説した上で、ガバナンスを重視する立場からは地域社会や市民とどう関わっていったらよいのかなどについて述べている。
（「訳者まえがき」より）

自治体再構築

松下圭一（法政大学名誉教授）　定価 2,800 円

- 官治・集権から自治・分権への転型期にたつ日本は、政治・経済・文化そして軍事の分権化・国際化という今日の普遍課題を解決しないかぎり、閉鎖性をもった中進国状況のまま、財政破綻、さらに「高齢化」「人口減」とあいまって、自治・分権を成熟させる開放型の先進国状況に飛躍できず、衰退していくであろう。
- この転型期における「自治体改革」としての〈自治体再構築〉をめぐる 2000 年〜 2004 年までの講演ブックレットの総集版。

1　自治体再構築の市民戦略
2　市民文化と自治体の文化戦略
3　シビル・ミニマム再考
4　分権段階の自治体計画づくり
5　転型期自治体の発想と手法

社会教育の終焉 [新版]

松下圭一（法政大学名誉教授）　定価 2,625 円

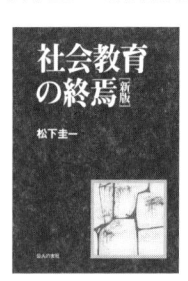

- 86年の出版時に社会教育関係者に厳しい衝撃を与えた幻の名著の復刻・新版。
- 日本の市民には、〈市民自治〉を起点に分権化・国際化をめぐり、政治・行政、経済・財政ついで文化・理論を官治・集権型から自治・分権型への再構築をなしえるか、が今日あらためて問われている。

序章　日本型教育発想
Ⅰ　公民館をどう考えるか
Ⅱ　社会教育行政の位置
Ⅲ　社会教育行政の問題性
Ⅳ　自由な市民文化活動
終章　市民文化の形成　　　あとがき　　　新版付記

増補 自治・議会基本条例論　自治体運営の先端を拓く

神原　勝（北海学園大学教授・北海道大学名誉教授）　定価 2,625 円

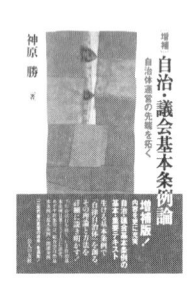

生ける基本条例で「自律自治体」を創る。その理論と方法を詳細に説き明かす。7 年の試行を経て、いま自治体基本条例は第 2 ステージに進化。めざす理想型、総合自治基本条例＝基本条例＋関連条例

プロローグ
Ⅰ　自治の経験と基本条例の展望
Ⅱ　自治基本条例の理論と方法
Ⅲ　議会基本条例の意義と展望
エピローグ
条例集
1　ニセコ町まちづくり基本条例
2　多治見市市政基本条例
3　栗山町議会基本条例

都市政策フォーラム ブックレット
（首都大学東京・都市教養学部 都市政策コース 企画）

No.1 「新しい公共」と新たな支え合いの創造へ ——多摩市の挑戦——
首都大学東京・都市政策コース 900円

No.2 「国立市」を事例として ——景観形成とまちづくり——
首都大学東京・都市政策コース 1,000円

No.3 「制度設計から現場まで」 ——都市の活性化とまちづくり——
首都大学東京・都市政策コース 1,000円

北海道自治研ブックレット

No.1 市民・自治体・政治 ——再論・人間型としての市民
松下圭一 1,200円

No.2 議会基本条例の展開 ——その後の栗山町議会を検証する
橋場利勝・中尾修・神原勝 1,200円

TAJIMI CITY ブックレット

No.1 転型期の自治体計画づくり
松下圭一 1,000円

No.2 これからの行政活動と財政
西尾勝 1,000円

No.3 構造改革時代の手続的公正と第2次分権改革 ——手続的公正の心理学から
鈴木庸夫 1,000円

No.4 自治基本条例はなぜ必要か
辻山幸宣 1,000円

No.5 自治のかたち法務のすがた ——政策法務の構造と考え方
天野巡一 1,100円

No.6 自治体再構築における行政組織と職員の将来像
今井照 1,100円

No.7 持続可能な地域社会のデザイン
植田和弘 1,000円

No.8 福島町の議会改革 ——議会基本条例 開かれた議会づくりの集大成
溝部幸基・石堂一志・中尾修・神原勝 1,000円

No.9 政策財務の考え方
加藤良重 1,000円

No.10 市場化テストをいかに導入するべきか ～市民と行政
竹下譲 1,000円

No.11 市場と向き合う自治体
小西砂千夫・稲沢克祐 1,000円

シリーズ「生存科学」
（東京農工大学生存科学研究拠点 企画・編集）

No.2 再生可能エネルギーで地域がかがやく ——地産地消型エネルギー技術——
秋澤淳・長坂研・堀尾正靱・小林久 1,200円

No.3 小水力発電を地域の力でかがやけ！地域からエネルギーを引き出せ！
（独）科学技術振興機構 社会技術研究開発センター「地域に根ざした脱温暖化・環境共生社会」研究領域 地域分散電源等導入タスクフォース 1,400円

No.4 地域の生存と社会的企業 ——イギリスと日本との比較をとおして——
柏雅之・白石克孝・重藤さわ子 1,200円

No.5 地域の生存と農業知財
澁澤栄・福井隆・正林真之 1,000円

No.6 風の人・土の人 ——地域の生存とNPO——
千賀裕太郎・白石克孝・柏雅之・福井隆・飯島博・曽根原久司・関原剛 1,400円

No.7 風の人・土の人 ——地域エネルギー設計ツール——
堀尾正靱・白石克孝・重藤さわ子・定松功・土山希美枝
PEGASUS ハンドブック（環境エネルギー設計ツール）
1,400円

No.49 政令指定都市がめざすもの
高寄昇三 1,400円
No.50 良心的裁判員拒否と責任ある参加
～市民社会の中の裁判員制度～
大城聡 1,000円
No.51 討議する議会
～自治のための議会学の構築をめざして～
江藤俊昭 1,200円
No.52 大阪都構想と橋下政治の検証
―府県集権主義への批判―
高寄昇三 1,200円
No.53 虚構・大阪都構想への反論
―橋下ポピュリズムと都市主権の対決―
高寄昇三 1,200円
No.54 大阪市存続・大阪都粉砕の戦略
―地方政治とポピュリズム―
高寄昇三 1,200円

No.1 自治体経営と政策評価
山本清 1,000円
No.2 ガバメント・ガバナンスと行政評価システム
星野芳昭 1,000円

朝日カルチャーセンター
地方自治講座ブックレット

No.1 外国人労働者と地域社会の未来
桑原靖夫・香川孝三（著）
坂本恵（編著） 900円
No.2 自治体政策研究ノート
今井照 900円
No.3 住民による「まちづくり」の作法
今西一男 1,000円
No.4 格差・貧困社会における市民の権利擁護
金子勝 900円

政策・法務基礎シリーズ
―東京都市町村職員研修所編

No.1 これだけは知っておきたい自治立法の基礎 600円
No.2 これだけは知っておきたい政策法務の基礎 800円
No.4 政策法務は地方自治の柱づくり
辻山幸宣 1,000円
No.5 政策法務がゆく！
北村喜宣 1,000円

福島大学ブックレット
『21世紀の市民講座』

No.1 暮らしに根ざした心地良いまち
野呂昭彦・逢坂誠二・関原剛・吉本哲郎・白石克孝・堀尾正靱 1,100円
No.2 地域人材を育てる自治体研修改革
土山希美枝 900円
No.3 公共政策教育と認証評価システム―日米の現状と課題―
坂本勝 編著 1,100円

No.5 今なぜ権利擁護か
―ネットワークの重要性―
高野範城・新村繁文 1,000円
No.6 法学の考え方・学び方
富田哲 900円
No.7 小規模自治体の可能性を探る
保母武彦・菅野典雄・佐藤力・竹内星俊・松野光伸 1,000円

地域ガバナンスシステム・シリーズ
（龍谷大学地域人材・公共政策開発システム　オープン・リサーチ・センター企画・編集）

No.1 地域ガバナンスシステムの戦略的連携
―英国コンパクトにみる先駆性―
的場信敬監訳 1,000円
No.4 持続可能な都市自治体づくりのためのガイドブック
イェーリングにおける「秤」と「剣」
「オルボー憲章」「オルボー誓約」翻訳所収 1,100円
No.5 英国における地域戦略パートナーシップの挑戦
白石克彦編・的場信敬監訳 900円
No.6 マーケットと地域をつなぐパートナーシップ
―協会という連帯のしくみ―
白石克彦編・園田正彦著 1,000円
No.7 政府・地方自治体と市民社会
大矢野修編著 1,400円
No.8 財政縮小時代の人材戦略
多治見モデル
大矢野修編著 1,400円
No.10 行政学修士教育と人材育成
―米中の現状と課題―
坂本勝著 1,100円
No.11 アメリカ公共政策大学院の認証評価システムと評価基準
―NASPAAのアクレディテーションの検証を通して―
早田幸政 1,200円

No.15 市民自治と直接民主制
高寄昇三 951円

No.16 議会と議員立法
上田章・五十嵐敬喜 1,600円

No.17 分権段階の自治体と政策法務
松下圭一他 1,456円

No.18 地方分権と補助金改革
高寄昇三 1,200円

No.19 分権化時代の広域行政
山梨学院大学行政研究センター 1,200円

No.20 あなたのまちの学級編成と地方分権
田嶋義介 1,200円

No.21 自治体も倒産する
加藤良重 1,000円

No.22 ボランティア活動の進展と自治体の役割
山梨学院大学行政研究センター 1,200円

No.23 新版・2時間で学べる「介護保険」
加藤良重 800円

No.24 男女平等社会の実現と自治体の役割
山梨学院大学行政研究センター 1,200円

No.25 市民がつくる東京の環境・公害条例
市民案をつくる会 1,000円

No.26 東京都の「外形標準課税」はなぜ正当なのか
青木宗明・神田誠司 1,000円

No.27 少子高齢化社会における福祉のあり方
山梨学院大学行政研究センター 1,100円

No.28 財政再建団体
橋本行史 1,000円 [品切れ]

No.29 交付税の解体と再編成
高寄昇三 1,000円

No.30 町村議会の活性化
山梨学院大学行政研究センター 1,200円

No.31 地方分権と法定外税
外川伸一 800円

No.32 市民自治の制度開発の課題
山梨学院大学行政研究センター 1,200円

No.33 都市型社会の実現と防衛論争
松下圭一 900円

No.34 中心市街地の活性化に向けて
山梨学院大学行政研究センター 1,200円

No.35 自治体企業会計導入の戦略
高寄昇三 1,100円

No.36 行政基本条例の理論と実際
神原勝・佐藤克廣・辻道雅宣 1,100円

No.37 市民文化と自治体文化戦略
松下圭一 800円

No.38 まちづくりの新たな潮流
山梨学院大学行政研究センター 1,200円

No.39 ディスカッション・三重の改革
中村征之・大森彌 1,200円

No.40 政務調査費
宮沢昭夫 1,200円

No.41 市民自治の制度開発の課題
山梨学院大学行政研究センター 1,100円

No.42《改訂版》自治体破たん・「夕張ショック」の本質
橋本行史 1,200円

No.43 分権改革と政治改革〜自分史として
西尾勝 1,200円

No.44 自治体人材育成の着眼点——専門集団の役割と大学—
浦野秀一・井澤壽美子・野田邦弘・西村浩・三関浩司・杉谷知也・坂口正治・田中富雄 1,200円

No.45 障害年金と人権——代替的紛争解決制度と大学—
橋本宏子・森田明・湯浅和恵・池原毅和・青木久馬・澤静子・佐々木久美子 1,400円

No.46 地方財政健全化法で財政破綻は阻止できるか
夕張・篠山市の財政運営責任を追及する
高寄昇三 1,200円

No.47 地方政府と政策法務
市民・自治体職員のための基本テキスト
加藤良重 1,200円

No.48 政策財務と地方政府
市民・自治体職員のための基本テキスト
加藤良重 1,400円

No.84 地域おこしを考える視点
矢作弘 700円

No.87 北海道行政基本条例論
神原勝 1,100円

No.90 「協働」の思想と体制
森啓 800円

No.91 協働のまちづくり
三鷹市の様々な取組みから
秋元政三 700円

No.92 シビル・ミニマム再考
ベンチマークとマニフェスト
松下圭一 900円

No.93 市町村合併の財政論
高木健二 800円

No.95 市町村行政改革の方向性
～ガバナンスとNPMのあいだ
佐藤克廣 800円

No.96 創造都市と日本社会の再生
佐々木雅幸 800円

No.97 地方政治の活性化と地域政策
山口二郎 800円

No.98 多治見市の政策策定と政策実行
西寺雅也 800円

No.99 自治体の政策形成力
森啓 700円

No.100 自治体再構築の市民戦略
松下圭一 900円

No.101 維持可能な社会と自治
～『公害』から『地球環境』へ
宮本憲一 900円

No.102 道州制の論点と北海道
佐藤克廣 1,000円

No.103 自治体基本条例の理論と方法
神原勝 1,100円

No.104 働き方で地域を変える
～フィンランド福祉国家の取り組み
山田眞知子 800円

No.107 公共をめぐる攻防
～市民的公共性を考える
樽見弘紀 600円

No.108 三位一体改革と自治体財政
岡本全勝・山本邦彦・北良治・
逢坂誠二・川村喜芳 1,000円

No.109 連合自治の可能性を求めて
サマーセミナー in 奈井江
松岡市郎・堀則文・三本英司・
佐藤克廣・砂川敏文・北良治 他

No.110 「市町村合併」の次は「道州制」か
高橋彦芳・北良治・脇紀美夫・
碓井直樹・森啓 1,000円

No.111 自治体職員世直し志士論
村瀬誠 971円

No.112 コミュニティビジネスと建設帰農
松本懿・佐藤吉彦・橋場利夫・
山北博明・飯野政一・神原勝 1,000円

No.113 「小さな政府」論とはなにか
牧野富夫 700円

No.114 栗山町発・議会基本条例
橋場利勝・神原勝 1,200円

No.115 北海道の先進事例に学ぶ
宮谷内留雄・安斎保・見野全・
佐藤克廣・神原勝 1,000円

No.116 地方分権改革のみちすじ
―自由度の拡大と所掌事務の拡大―
西尾勝 1,200円

No.117 転換期における日本社会の可能性
―維持可能な内発的発展―
宮本憲一 1,000円

地方自治ジャーナルブックレット

No.3 使い捨ての熱帯林
熱帯雨林保護法律家リーグ 971円

No.4 自治体職員能力研究会 971円

No.8 市民的公共性と自治
今井照 1,166円 [品切れ]

No.9 ボランティアを始める前に
佐野章二 777円

No.10 自治体職員の能力
自治体職員能力研究会 1,166円

No.11 パブリックアートは幸せか
山岡義典 1,166円

No.12 市民がになう自治体公務
パートタイム公務員論研究会 1,359円

No.13 行政改革を考える
山梨学院大学行政研究センター 1,166円

No.14 上流文化圏からの挑戦
山梨学院大学行政研究センター 1,166円

地方自治土曜講座ブックレット

No.2 自治体の政策研究
森啓 600円

No.22 地方分権推進委員会勧告とこれからの地方自治
西尾勝 500円

No.34 政策立案過程への「戦略計画」
少子高齢社会と自治体の福祉法務
加藤良重 400円

No.42 改革の主体は現場にあり
山田孝夫 900円

No.43 自治と分権の政治学
鳴海正泰 1,100円

No.44 公共政策と住民参加
宮本憲一 1,100円

No.45 農業を基軸としたまちづくり
小林康雄 800円

No.46 これからの北海道農業とまちづくり
篠田久雄 800円

No.47 自治の中に自治を求めて
佐藤守 1,000円

No.48 介護保険は何を変えるのか
池田省三 1,100円

No.49 介護保険と広域連合
大西幸雄 1,000円

No.50 自治体職員の政策水準
森啓 1,100円

No.51 分権型社会と条例づくり
篠原一 1,000円

No.52 自治体における政策評価の課題
佐藤克廣 1,000円

No.53 小さな町の議員と自治体
室崎正之 900円

No.54 改正地方自治法とアカウンタビリティ
鈴木庸夫 1,200円

No.56 財政運営と公会計制度
宮脇淳 1,100円

No.59 環境自治体とISO
畠山武道 700円

No.60 転換期自治体の発想と手法
松下圭一 900円

No.61 分権の可能性
スコットランドと北海道
山口二郎 600円

No.62 機能重視型政策の分析過程と財務情報
宮脇淳 800円

No.63 自治体の広域連携
佐藤克廣 900円

No.64 分権時代における地域経営
見野全 700円

No.65 町村合併は住民自治の区域の変更である。
森啓 800円

No.66 自治体学のすすめ
田村明 900円

No.67 市民・行政・議会のパートナーシップを目指して
松山哲男 700円

No.69 新地方自治法と自治体の自立
井川博 900円

No.70 分権型社会の地方財政
神野直彦 1,000円

No.71 自然と共生した町づくり
宮崎県・綾町
森山喜代香 700円

No.72 情報共有と自治体改革
ニセコ町からの報告
片山健也 1,000円

No.73 地域民主主義の活性化と自治体改革
山口二郎 600円

No.74 分権は市民への権限委譲
上原公子 1,000円

No.75 今、なぜ合併か
瀬戸亀男 800円

No.76 市町村合併をめぐる状況分析
小西砂千夫 800円

No.78 ポスト公共事業社会と自治体政策
五十嵐敬喜 800円

No.80 自治体人事政策の改革
森啓 800円

No.82 地域通貨と地域自治
西部忠 900円

No.83 北海道経済の戦略と戦術
宮脇淳 800円

「官治・集権」から
　　　「自治・分権」へ

市民・自治体職員・研究者のための
自治・分権テキスト

《出版図書目録》
2011.2

公人の友社

112-0002　東京都文京区小石川 5 − 26 − 8
TEL　03-3811-5701
FAX　03-3811-5795
メールアドレス　info@koujinnotomo.com

●ご注文はお近くの書店へ
　小社の本は店頭にない場合でも、注文すると取り寄せてくれます。
　書店さんに「公人の友社の『○○○○』をとりよせてください」とお申し込み下さい。5日おそくとも10日以内にお手元に届きます。
●直接ご注文の場合は
　　電話・FAX・メールでお申し込み下さい。（送料は実費）
　　TEL　03-3811-5701　FAX　03-3811-5795
　　メールアドレス　info@koujinnotomo.com
　　　　　　　　　　　　　（価格は、本体表示、消費税別）